Ullstein Sachbuch

DER AUTOR:

Dr. Christoph Stölzl, geboren 1944 in Westheim bei Augsburg, ist Gründungsdirektor des Deutschen Historischen Museums in Berlin.
1963 bis 1968 Studium der Geschichte, Germanistik und Soziologie in München und Saarbrücken; 1970 Promotion; 1970 bis 1974 DFG-Stipendiat in München, Wien und Prag; 1974 bis 1976 wissenschaftlicher Mitarbeiter im Bayerischen Nationalmuseum, München; 1976 bis 1980 Assistent am Institut für Mittelalterliche Geschichte und vergleichende Landesgeschichte der Universität München; 1980 bis 1987 Direktor des Münchener Stadtmuseums.

Weitere Veröffentlichungen: *Die Ära Bach in Böhmen; Sozialgeschichtliche Studien zum Neoabsolutismus 1849/50,* München und Wien 1971. – *Deutsches Historisches Museum; Ideen, Kontroversen, Perspektiven,* Frankfurt/M und Berlin 1988 (Hrsg.).

Christoph Stölzl

Kafkas böses Böhmen

Zur Sozialgeschichte eines Prager Juden

Ullstein Sachbuch

Ullstein Sachbuch
Ullstein Buch Nr. 34546
im Verlag Ullstein GmbH,
Frankfurt/M – Berlin

Ungekürzte, korrigierte Ausgabe

Umschlagentwurf:
Hansbernd Lindemann
Unter Verwendung eines
Fotos vom Ullstein Bilderdienst
(Porträt des Schriftstellers
Franz Kafka, 1883–1924)

Printed in Germany 1988
Druck und Verarbeitung:
Ebner Ulm
ISBN 3 548 34546 8

Januar 1989

CIP-Titelaufnahme
der Deutschen Bibliothek

Stölzl, Christoph:
Kafkas böses Böhmen: zur
Sozialgeschichte e. Prager Juden /
Christoph Stölzl. – Ungekürzte Ausg. –
Frankfurt/M; Berlin: Ullstein, 1989
(Ullstein-Buch; Nr. 34546:
Ullstein-Sachbuch)
ISBN 3-548-34546-8
NE: GT

Inhalt

Vorwort zur Taschenbuchausgabe 6

I

Kafka biographisch-materialistisch: Eine Übersicht 7

II

Die schwierige Welt des Jakob und Herrmann Kafka 20

III

Aus dem jüdischen Mittelstand der antisemitischen Epoche 1883—1924 44

IV

Jude, Antisemit, Zionist Kafka 108

Vorwort zur Taschenbuchausgabe

»Kafkas böses Böhmen« ist im Herbst 1974 entstanden. Im Sommer hatte die literarische Öffentlichkeit in geziemendem Ernst den 50. Todestag des Prager Autors begangen, und wieder, wie seit Beginn der posthumen Karriere, waren *Geheimnis* und *Rätsel* die Angelpunkte aller Bemühungen gewesen. Auch die damals frisch gegründete »Autorenbuchhandlung« in München wünschte sich einen Kafka-Abend. Der Zufall ließ sie an mich als Redner geraten; irgendwer wußte, daß ich an einem eher entlegenen Forschungsprojekt saß: der Sozialgeschichte des böhmischen Judentums im 19. und frühen 20. Jahrhundert. Für ein westdeutsches Publikum, dem die Materie ganz fremd, durch zeitliche und räumliche Distanz fast unerreichbar scheinen mochte, war der Vortrag mit seinem Insistieren auf dem Lokalkolorit um das Genie herum sicher eine Zumutung. Trotzdem fand sich am selben (heißen) Abend noch verlegerisches Interesse. So wurde aus der gelegentlichen *Einmischung* des Historikers in die Germanistik ein kleines Buch.
Mein Ziel war begrenzt: *Nachdenken, Steinbruch* und *Anregung* für das biographische Schreiben über Kafka sollten geboten werden. Und tatsächlich ist in die strenge Kafka-Forschung später viel eingegangen. Hartmut Binders verdienstvolles, erschöpfendes, großes Kafka-Handbuch* muß hier vor allem genannt werden.
»Kafkas böses Böhmen« handelt vor allem vom *Judentum* und von der *Judenfeindschaft* um 1900, Themen also, die heute niemand mehr anders als aus der Perspektive der späteren Katastrophe sehen kann. Weil der Text so nah an die Quellen herantritt, ist er für viele Leser sicher auch eine verstörende Lektüre. Der historische Befund verbietet es aber, zu harmonisieren, wo in Wirklichkeit Dissonanz geherrscht hat.
Die Hoffnung, daß mein Kafka-Versuch von 1974/75 trotz aller Skizzenhaftigkeit nochmals des Lesens wert sei, schöpfe ich vor allem aus einem lakonischen Kommentar von einem, der sich in der versunkenen böhmischen Welt gut auskannte. Heinz Politzer hat 1976 in der FAZ vermerkt: »*Kafka selbst hätte das Buch geschätzt; wenn aus keinem anderen Grunde, so doch deshalb, weil es ihm die Geschichte seines Vaters hätte erklären können.*« Was kann man als Autor mehr verlangen?

Christoph Stölzl, im Herbst 1988

* Hartmut Binder (Hrsg.), *Kafka-Handbuch*, 2 Bde., Stuttgart 1979

I
Kafka biographisch-materialistisch: Eine Übersicht

In der Tat, die Häuser jener Straßen sahen mich an, als wollten sie mir betrübliche Geschichten erzählen, Geschichten, die man wohl weiß, aber nicht wissen will oder lieber vergäße, als daß man sie ins Gedächtnis zurückriefe.
(Heine: Ludwig Börne)

Auch ein halbes Jahrhundert nach seinem Tod haben Werk und Person von Franz Kafka ihre Rätselhaftigkeit nicht verloren. Wie ließe er sich fassen?[1]. Dieser Satz, den die »ZEIT« ihrem obligaten Gedenkartikel zum 50. Todestag des Pragers voransetzte, mag auch für diesen Versuch als Motto dienen. Freilich, er bedarf sogleich gewichtiger Einschränkungen: ein Schelm, der mehr gibt als er hat. Auf den gigantischen Papierhaufen der rund zehntausend Deutungen von Kafkas Oeuvre, die man unlängst geschätzt hat, soll kein weiteres ambitioniertes Manuskript wandern, noch wird auch nur der Versuch gemacht, sich mit den Schulen und Fronten jener Kafkadeutung auseinanderzusetzen, die aus werkimmanenten, theologischen oder psychoanalytischen Positionen argumentiert. Was hier versucht wird, ist ein Beitrag zur materialistischen Literaturgeschichte, freilich nicht in der Art eines sauber gefeilten materialistischen Schlüssels zum Werk. Angesichts der hervorstechendsten Eigenschaften des Oeuvre, nämlich des Kanonischen, unendlich Deutbaren, das es an sich hat, erscheint das Bemühen um solch einen Schlüssel wenn nicht sinnlos, so zumindest verfrüht: denn die eigentliche Problematik literaturwissenschaftlicher Interpretation, die von der Einsicht in die sozioökonomischen und politischen Zusammenhänge motiviert ist, liegt ja doch immer noch in der konkreten Beweisführung, nicht in der Anerkenntnis des Postulats, das jedermann gerne unterschreiben wird[2]. Die Exerzierung schlagkräftiger Modelle materialistischer Literaturinterpretation muß der Verfasser, als in literaricis bloß als interessierter Laie einzustufender, Berufeneren überlassen. Allein die »Biographismusthese«, der simple Satz, daß die Existenz des Autors zweifellos der wichtigste Anlaß eines Oeuvre sei, legitimiert die Einmischung der Historie. Nun ist freilich das einsame, beziehungsarme, unliterarische Leben des Prager Versicherungsjuristen von Brod, Wagenbach und zuletzt Binder[3] wohl erschöpfend dokumentiert worden: mit der Publikation der letzten unveröffentlichten Briefe ist die individuelle Biographie, die *private Weltgeschichte* Kafkas (O 40) erschöpfend dingfest gemacht worden. Allein eben die Dürftigkeit dieses Lebens läßt die Biographismus-Vertreter unter den Interpreten eben nicht recht froh werden; was nützt die tapfere Versicherung, daß *Kafkas Produktion ... zwar nicht platte Nachahmung, aber doch genauer Ausdruck seiner jeweiligen Lebenslage*[4] ... sei, wenn sich das exakte biographische Wissen nicht beliebig vermehren läßt? Der Ausweg, der sich anbot, war und ist, den Autor in den Kontext seiner Epoche zu stellen. Die Methode hat eine alte Tradition; selbst Werfel, der ansonsten ein früher Ausgangspunkt für die Faszination des Kafka-Mythos ist, jener Image-Bildung, die den Autor mit dem Schleier des Übersinnlichen überzog und erst den weltweiten Massenerfolg des Werkes ermöglicht hat, selbst Werfel also sprach von der *Epoche* und den *Umständen* als Antriebsfaktoren des Werkes:

Als ich vor einem Vierteljahrhundert das erste Mal Franz Kafka von Angesicht sah, so äußerte sich Werfel, *wußte ich sofort, daß er »ein Bote des Königs« ist. In mein Verehrungs- und Liebesgefühl für ihn war immer ein fremdartiger Schauer eingemischt. Die Andern erfreuten sich damals mit ästhetischem Entzücken an seiner sogenannten Originalität ... In mir aber war eine Ahnung, daß es sich nicht ganz um einen Menschen handle, sondern um ein Wesen, dem in tragischer Weise zu viel von Übernatur zuteil geworden sei. Franz Kafka ist ein Herabgesandter, ein großer Auserwählter, und nur die Epoche und die*

Umstände haben ihn dazu vermocht, sein jenseitiges Wissen und seine unaussprechliche Erfahrung in dichterische Gleichnisse zu gießen . . .[5]

Das allerjüngste Unternehmen der Kafka-Biographik, Chris Bezzels »Kafka-Chronik« (1975) bedient sich weniger schwülstiger Terminologie, aber die Essenz ist die gleiche: es heißt da, man wolle versuchen, *die* innere *Biographie Kafkas mit der* äußeren *in ihrer realen Entwicklung abzubilden und in den Gesellschaftsprozeß der Epoche zu stellen*[6].

Zwischen beiden Zitaten liegt eine Reihe von Versuchen, dieses Junktim zwischen Autor und Zeit zu beschreiben. Die Marxisten, prädestiniert für die Erarbeitung sauberer epochaler Klassifizierungen und exakter materialistischer Feinmechanik zwischen ökopolitischer Basis und literarischer Produktion, boten wenig Eindrucksvolles. Georg Lukács wußte, daß *die Welt des heutigen Kapitalismus als Hölle und Ohnmacht alles Menschlichen . . . den Inhalt der Kafkaschen Dichtung* ergebe[7]: ein Satz, der sich bei genauerem Zusehen als Allgemeinplatz erweist, denn zweifellos war Kafka ein Literat der hochkapitalistischen Periode, ebenso zweifellos ist es aber apriori dem Marxisten, daß dieser Hochkapitalismus eine Welt der Hölle und Ohnmacht alles Menschlichen ist. Auf der berühmten Liblice-Konferenz »Franz Kafka aus Prager Sicht« (1963), die den Autor für das sozialistische Lager konsumierbar machen sollte, tönte es etwas banaler: *Der Verzweiflung über die kapitalistische Gegenwart, der Kafka erlag, stellen wir unsere optimistische Einsicht in die glückliche kommunistische Zukunft unseres Landes entgegen*[8].

Noch in der Ankündigung der »Kafka-Chronik« Chris Bezzels ist Kafka der Schreibtischkämpfer gegen den Kapitalismus, der *unter den widersprüchlichen Bedingungen seiner Zeit . . . durch seine poetische Produktion gezeigt hat, wie die Darstellung des negativen kapitalistischen Syndroms einen Appellcharakter erhält, diesen entsetzlichen Kreislauf zu durchbrechen*[9].

Man sieht, die Materialisten sind in ihrem Ansatz gar nicht einmal so entfernt von der sogenannten »bürgerlichen« Literaturwissenschaft und deren Neigung, Kafkas Texte *im Sinne anthropologischer Seinserhellung*[10] zu verstehen, mit dem damit einhergehenden Anspruch auf Verbindlichkeit des »allgemein Menschlichen« in der Dichtung.

Fleißiger und erfolgreicher war jener Positivismus, der mit Wagenbachs Geniestreich der Jugendbiographie Kafkas eingeleitet wurde; die nachtwandlerische Sicherheit, vermöge welcher Wagenbach trotz der *vollständigen Auflösung des gesamten Altprager Lebens- und Kulturkreises*[11] immerhin eine entfernte Ahnung von den komplizierten Verhältnissen des Kafkaschen Milieus zustande brachte, bleibt erstaunlich genug, denn er konnte im Grunde nur aus wenigen Quellen schöpfen, mußte seine Skizze der böhmischen Welt aus fragmentarischen Memoiren zusammenstellen. Freilich, sehr bald stagnierte die von Wagenbach eingeleitete Tradition, ruhte zufrieden aus auf dem einmal erreichten, wie man meinte endgültig gesicherten Stand soziologischer Abstraktionen wie jener vom *dreifachen Ghetto*, in dem der Prager Jude Kafka gelebt habe, oder der steten Versicherung, gesellschaftlicher Aufstieg sei im tschechischen Prag nur dem Deutschsprechenden möglich gewesen. Beides waren simplifizierende Ansichten, die man übrigens dem Buch Pavel Eisners »Franz Kafka and Prague« (1946) verdankte, einem in deutschen Bibliotheken wenig verbreiteten, kaum erreichbaren Werk, dem die Germanistik mißtrauisch hätte gegenüberstehen müssen, denn Eisner war ja nicht irgendein leidlich objektiver Soziologe, sondern Anhänger der tschecho-jüdischen Idee und Publizist im Dienste der neuen Tschechoslowakei nach 1918.

Wagenbach meinte in seiner Kafka-Monographie (1964), die Lebenslandschaft Kafkas, die letzten drei Jahrzehnte der k. k.-Doppelmonarchie und die ersten Jahre der tschechoslowakischen Republik lägen *im vollen Licht*[12] der historischen Erkenntnis. Davon konnte, ja davon kann auch heute gar keine Rede sein; die sozialgeschichtliche Analyse eines multinationalen Staates in einer Epoche stürmischer ökonomischer, sozialer und sprachlicher Umbrüche ist an und für sich bereits ein methodisch außerordentlich schwieriges Unterfangen. Es wird erschwert durch Sprachbarrieren und politische Antagonismen, den politischen Schwemmsand von Kriegen, Revolutionen und Vertreibungen; und ist sich die mitteleuropäische Historiographie schon grundsätzlich uneins über die Möglichkeit zur Objektivierung sozialgeschichtlicher Erkenntnis, wie erst hier, wo von allen Nachlaßverwaltern jener Welt, die 1918 untergegangen ist, das Trauma des Zusammenbruchs noch nicht verwunden ist.

Immerhin, trotz dieser Vorbehalte hätte man gerade von der tschechischen Kafkaforschung, die mit einer gewissen Verzögerung an Wagenbachs Konzept anknüpfte, allein schon wegen ihres bequemen Zugangs zu den Quellen bessere Fortschritte erwarten können. Indes förderte die kurze Blüte des tschechischen Kafkakultes vor dem Desaster der ČSSR im Jahre 1968 neben dem beherzigenswerten Postulat, daß man Kafka *erden* müsse[13], eher Ridiküles zu Tage. *Heute ist in der öffentlichen Meinung der ganzen Welt Kafkas Werk bereits mit Prag verschmolzen, und Besucher aus Prag werden als Kafkas Landsleute begrüßt. Die besondere Situation der Prager Altstadt, die Spuren des aufgelassenen Prager Ghettos, die engen winkeligen Gäßchen und majestätischen Portale der Paläste, die düsteren Kirchen und Synagogen, die verstaubten Amtsgebäude ... das alles zusammen hat die Atmosphäre der quälenden Visionen Kafkas mitgeformt ...*[14], so rief der tschechische Germanist Kautmann voller Besitzerstolz auf der Liblicer Konferenz. Und die expansionsfreudige Tourismuswerbung der ČSSR griff das Thema dann auch begeistert auf und fügte den Prager Sehenswürdigkeiten einen weiteren kommerzialisierbaren Edelstein ein, nicht erfolglos übrigens. Neue Kundenschichten wurden im westeuropäischen Bildungsbürgertum erschlossen, die nun »auf Kafkas Spuren« durch Prag wallfahrteten und dabei an einem der Kafka-Häuser erwartungsgemäß eine melancholisch modellierte Porträt-Büste des Autors vorfanden. Sie fielen bereitwillig dem Mißverständnis zum Opfer, die architektonische Kulisse der Stadt sei gleichzusetzen mit der seelischen Landschaft des Autors. Dabei war nur die Armut in der sozialistischen ČSSR ein vorzüglicher Denkmalspfleger gewesen, wie sie es überall ist, die Straßenbeleuchtung nicht modernisiert seit Jahrzehnten, die ärarischen Gebäude verkommen in langjähriger Planwirtschaft. Dem westlichen Besucher aber mußte dies alles nun freilich »düster« und »unheimlich« vorkommen im Vergleich zu der Stahl-Beton-Glas-Landschaft, aus der er kam. Einer amerikanischen Germanistin, die mit dem Photo-Apparat bewaffnet 1965 auf Spurensicherung nach Prag auszog, verdichtete sich die vermeintliche »typische Kafkaeske«-Atmosphäre Prags am Ende gar zu einer Halluzination, in der sie Kafka leibhaftig durch die Straßen wandeln zu sehen glaubte. Ergriffen berichtete sie auf einem texanischen Symposion: *In fact, one day by the bank of the Vltava, I felt that he was walking in front of me. Caught up in my metaphysical mood, I followed and snapped a picture when he turned at the corner*[15].

Den Autor an seine Epoche zu knüpfen, in ein periodisierbares Schema geschichtlicher Zäsuren zu stellen, war am Ende auch der Ausgangspunkt aller jener Kafkaliteratur, die auf das »Jüdische« an Kafka hinwies. Das begann bei dem Freund Max Brod, der schon früh behauptete: *Obwohl in seinen Worten niemals das Wort »Jude« vorkommt, gehören sie zu den jüdischesten Dokumenten unserer Zeit*[16], dann aber seiner Beweisführung selbst im Lichte stand, indem er seinen Zionismus der großen Worte in die Debatte brachte und sich dem Kafka-Problem mit dem groben Geschütz religionsphilosophischer Metaphern zu nähern versuchte. Brods »Kafka als Jude« endete verwässert in den vielen Literaturgeschichten der deutschen Nachkriegsjahre, wo ad usum delphini allein der Zeigefinger auf Kafkas Judentum übrigblieb, so als sei bei einem Dichter des Tragischen und Absurden der Hinweis auf ein Problem schon eine hinreichende Erklärung desselben. Das gipfelte meist in der Aufzählung der angeblichen Paradoxe, die den Autor kennzeichnen: *Jude und Deutscher* (am häufigsten) oder *weder Deutscher, noch Jude, nicht Tscheche und gewiß kein Österreicher* (Politzer 1965)[17], schließlich gar das Monstrum *deutsch-österreichisch-ungarisch-tschechischer Jude* (Bezzel 1975).

Jüdischen wie nicht-jüdischen Vertretern eines »jüdischen Kafka« eignete ein Hang dazu, das jüdische Problem ins Allgemeine zu heben, von den provinziellen Eigentümlichkeiten abzusehen, nicht verwunderlich bei den in Menschheitsepochen denkenden theologischen Deutern, aber für den Nichtjuden verwirrend bei jenen, die aus der Nähe des Zionismus kamen und darum in der Terminologie soziologisch auftraten. Denn welcher Nichtjude war sich schon klar darüber, daß das Grundkonzept des Zionismus darauf beruhte, die unzähligen, je nach politischer und ökonomischer Landschaft Europas wechselnden »Jüdischen Fragen« und Lebenssituationen gemeinsam in einen Topf zu werfen und zur jüdischen »Weltfrage« zu machen. Die Tatsache, daß auch Kafka in seiner Selbstdeutung (besonders der Spätzeit) in der Terminologie des Zionismus sprach, sich als typischen *Westjuden* interpretierte, hat in neuerer Zeit durch Binder zu einer akribischen Aufarbeitung aller Beiträge Kafkas zur zionistischen Diskussion geführt; ein bewußter »Nationaljude« Kafka blieb übrig, und der Nachkriegsgermanistik, die dieses Faktum voller *Empfindungslosigkeit* ignoriert habe, konnten die Leviten gelesen werden[18]. Freilich, Binders verdienstvollem Mosaikverfahren haftet ein wenig das Unbefriedigende einer rein geistesgeschichtlichen Zusammenstellung an, die zu wenig weiß von dem Zusammenhang des Nationaljudentums der Jahrhundertwende mit dem dunklen Hintergrund der Epoche.

Wenn der vorliegende Versuch gleichfalls vom Judentum Kafkas ausgeht, so hätte es dazu der Zeugnisse eines bewußten Nationaljudentums gar nicht bedurft. Er ist entstanden im Zusammenhang einer Untersuchung über die Rolle der Juden in Böhmen des 19. und 20. Jahrhunderts oder, wenn man die Perspektive wechselt, der Geschichte des jüdischen Problems und des Antisemitismus in einer Nationalitätengesellschaft. Der Verfasser hatte dabei die biographischen Zeugnisse des Autors Franz Kafka ebenso als Steinbruch der Sozialgeschichte benützt wie die unzähligen Zeugnisse anderer, anonymer Juden Böhmens. Angesichts der mannigfaltigen sozialgeschichtlichen Schiefheiten der Kafka-Literatur schien es reizvoll, dieses Arbeitsprinzip einmal umzukehren und auf den Autor anzuwenden: das heißt, das Motiv für jede Beschäftigung mit Kafka, die literarische Weltgeltung, bewußt auf den Kopf zu stellen und zu versuchen, eine sozialgeschichtliche Biographie des Idealtypus, also des böhmischen Juden der Jahrhundertwende zu verfassen. Daß dies keine Vergewaltigung sei, keine Einengung der Person auf eine allenfalls diskutierbare Komponente (die der Konfession), mußte jedem evident sein, der sich auch nur annähernd mit den Quellen der neueren Sozialgeschichte Böhmens vertraut gemacht hatte.

Arthur Schnitzler notierte 1912 im Hinblick auf spätere, wie er meinte ungläubige Leser:

... zu der Zeit, in der man diese Blätter möglicherweise lesen wird, wird man sich, so hoffe ich wenigstens, kaum mehr einen rechten Begriff zu bilden vermögen, was für eine Bedeutung, seelisch fast noch mehr als politisch und sozial, zur Zeit, da ich diese Zeilen schreibe, der sogenannten Judenfrage zukam. Es war nicht möglich, insbesondere für einen Juden, der in der Öffentlichkeit stand, davon abzusehen, daß er Jude war, da die anderen es nicht taten, die Christen nicht und die Juden noch weniger. Man hatte die Wahl für unempfindlich, zudringlich, frech oder für empfindlich, schüchtern, verfolgungswahnsüchtig zu gelten. Und auch wenn man seine innere und äußere Haltung so weit bewahrte, daß man weder das eine noch das andere zeigte, ganz unberührt zu bleiben war so unmöglich, als etwa ein Mensch gleichgültig bleiben könnte, der sich zwar die Haut anaesthisieren ließ, aber mit wachen und offenen Augen zusehen muß, wie unreine Messer sie ritzen, ja schneiden, bis das Blut kommt[19].

In der Gesellschaft des späten Habsburgerreiches war also das Jude-Sein ein objektiver Zustand, der dem Individuum von den anderen sozialen Gruppen zudiktiert wurde, und bedurfte deshalb überhaupt keiner Willensmeinung der Person, ja setzte sich wenn nötig über die anderslautende Selbstdefinition des Individuums hinweg.

Daß die Germanistik, selbst die biographisch orientierte, an diesem

Faktum so lange vorbeiging und über die falsche Fragestellung von Kafkas *jüdischer Traditionslosigkeit*[20] überhaupt diskutierte, kann nur an den Materialien liegen, die sie benützte, um die Altprager Szene zu rekonstruieren. Gerade die aus dem assimilierten Judentum stammenden Quellen klammern den Komplex »jüdische Frage« oft gründlich aus; das Korrigieren der Wahrnehmung mit dem »Willen zum Glück« war oft die fast einzige Chance gewesen, seelisch zu überleben in einer judenfeindlichen Umwelt (kein Zufall, daß ein jüdischer Privatdozent aus Mähren den Begriff der »Verdrängung« fand). Und auch jenes Material, das von den Deutschböhmen, später Sudetendeutschen stammte, ebenso wie jenes der Tschechen, beschrieb wohlweislich einen säuberlichen cordon sanitaire um das heikle Problem der jüdischen Frage in der neuesten böhmischen Geschichte. Daß es einen radikalen deutsch-böhmischen Antisemitismus gegeben habe, wird man vielleicht noch finden; vom tschechischen Antisemitismus ist schon gar nichts mehr auszumachen, und in die Kafka-Literatur drang eigentlich nichts ein; Wagenbach spricht noch vom *allerdings recht liberalen Antisemitismus österreichischer Prägung*[21]. Allein Politzer, der als junger Mann in den dreißiger Jahren von Wien nach Prag ging und damit zeitlich näher an die Quellen zur Szenerie der Jahrhundertwende heranrückte als alle späteren Kafkaforscher, hat den Punkt in aller Deutlichkeit angesprochen:

Franz Kafka zog die Summe der Leiden, die sein Leben ausmachten, aus dem Selbsthaß ... Daß Kafka den Mangel an psychologischem Gleichgewicht seiner jüdischen Abstammung und Umgebung zur Last legte, beweist nur, daß er in hervorragender Weise der antisemitischen Stimmung des alten Österreich und der jungen Tschechoslowakei erlag und *die vergifteten Pfeile, die eine in voller Auflösung begriffene Toleranz gerade noch von ihm abschirmte, nun seinerseits mit beiden Händen ergriff und sich ins Herz preßte*[22].

Politzer selbst hat aus diesem Satz freilich keine Konsequenz gezogen und diese *Stimmung* rekonstruiert. Lag es daran, daß er einem klassischen jüdischen Muster folgend allzugut Bescheid wußte über die *Geschichten, die man wohl weiß, aber nicht wissen will oder lieber vergäße?* Oder war es jene müde Geste der Prager Juden, die bei ihrem Schreiben über Kafka resigniert von der Ausbreitung des komplizierten historischen Kontextes absahen, in dem Kafkas und ihr Leben stand, weil sie sich eine andere »Welt« kaum vorstellen konnten, geschweige einem damit Unvertrauten zu erklären in der Lage waren. *Perhaps the simplest explanation is,* so Eisner 1946, *that they were always there, and took for self-evident what had not in the least evidenced itself elsewhere ...*[23]. Und der Zeitgenosse Willy Haas tat 1960 lieber wichtig mit einem Monopolanspruch des Verständnisses, als daß er sich Mühe mit sozialgeschichtlichen Fakten gemacht hätte:

Als ich Kafkas Werke las, las ich sie, wie man ein völlig vertrautes Panorama seiner eigenen Jugend liest, in dem man jeden versteckten Winkel ... sofort wiederkennt ... Kafka hat gewiß alles gesagt, was wir auf der Zunge hatten und niemals sagten, niemals sagen konnten. ... Ich kann mir nicht vorstellen, wie irgendein Mensch ihn überhaupt verstehen kann, der nicht in Prag und nicht um 1890 oder 1880 geboren ist. ... Kafka scheint mir ein ... österreichisches, jüdisches, Prager Geheimnis zu sein, zu dem nur wir den Schlüssel haben[24].

Indes, ein Geheimnis ist eine soziale Landschaft nur so lange, bis man den Weg durch die Aktenfaszikel der Archive, die vergilbten Zeitungsseiten angetreten hat, in denen das Leben petrifiziert ist. Diesen Weg muß alle Sozialgeschichte gehen. Ihr Beitrag zur Kafka-Biographik könnte dieser sein: Zwischen der wohlbekannten Analyse der Kafkaschen Familienneurose auf der einen, der Neurose der Epoche auf der anderen Seite (Faschismus, Zionismus, Kapitalismus, Sozialismus, Untergang der bürgerlichen Welt — oder wie immer man dies in große Kürzel fassen will), bleibt ein entscheidendes Terrain ausgespart; geht der Sprung vom Schicksal des Individuums zum Schicksal der Zeit allzu forsch vonstatten, setzt er über das Schicksal des Jüdischen, des Provinziellen allzu schnell hinweg. Daran ändern auch die Versuche der Kafka-Germanistik zur Soziologie Prags zunächst nicht viel, weil sie einen Zustand beschreiben, also etwas Statisches, während die österreichische und tschechoslowakische Innenpolitik, in die das jüdische Schicksal verwoben war, in den Jahren 1883 bis 1924 eine unerhört dynamische Angelegenheit gewesen ist. Im Grunde war dieses selbstzufriedene Insistieren auf dem simplifizierten Phänomen »Prag«, auch wenn man sich auf Selbstdeutungen Kafkas stützen zu können glaubte *(Prag läßt nicht los . . . Dieses Mütterchen hat Krallen* [Br. 14]), eine schwer verständliche Blindheit gegenüber dem Gedanken, daß ein hochqualifizierter, politisch interessierter jüdischer Akademiker mit an Sicherheit grenzender Wahrscheinlichkeit all dies aufgenommen hat, was ihn im Zentrum seiner sozialen Existenz — und das war zweifellos seine Zugehörigkeit zum Judentum — betraf. Man hat sich vielleicht täuschen lassen durch die fast vollständige Abwesenheit der aktuellen Tagespolitik zur jüdischen Frage in Österreich in der Korrespondenz und im Tagebuch Kafkas. Aber ist dies verwunderlich, waren doch fast alle Kommunikationspartner ihrerseits wiederum Juden, und war es nicht das Grundgesetz der emanzipierten jüdischen Gesellschaft, daß unter Juden das Thema des Judentums und des Antisemitismus unaussprechbar war? Und dies, das jüdische Schicksal, war nun freilich nicht etwas, das in Prag allein sich vollzog, sondern war ein Problem, das mit dem nationalen und sozialen Problem Böhmens (das am Ende das Schicksal der Monarchie ins Rollen brachte) aufs engste verwoben war, ja man kann mit einem gewissen Recht sagen, daß die jüdische Frage im zweinationalen Böhmen wie unter dem Brennglas gebündelt die ganzen komplizierten Antagonismen jenes zukunftsträchtigsten aller europäischen Staaten offenbarte[25]. Was eine Sozialgeschichte eines Prager Juden leisten müßte, das ist die versuchsweise Geschichte jenes Gehäuses des Sozialen, das zwischen der Familie und der Epoche steht, die Geschichte also der Paravents, durch welche die Geschichte der Epoche hereinleuchtet in die Biographie des Individuums. Eine solche Geschichte kann nicht mit dem Jahr 1883 beginnen, weil das soziale Erdbeben, das Kafkas Generation unter den Füßen zittern spürte, von einer Welle sozialer und politischer Eruptionen herrührte, die eine Generation früher ausgelöst worden war. Kafka litt am Vater, litt an der Familie. Das war, mutatis mutandis, das Schicksal aller jüdischen Generationen seit der Emanzipation. Und darum ist, betrachtet man ihn unter spezifisch jüdischem Blickwinkel, jener Satz am Beginn von Kafkas Tagebuch eigentlich ein Gemeinplatz: *Was die Zukunft an Umfang voraus hat, ersetzt die Vergangenheit an Gewicht ... und das Ende der Zukunft ist mit allen unseren Seufzern eigentlich schon erfahren und Vergangenheit* (T 22).

Von diesem Zukunft und Vergangenheit verklammernden Satz aus kommt man vielleicht auch etwas näher an eine seriösere Diskussion der Frage, was es denn nun eigentlich mit dem *Prophetischen* an Kafka auf sich habe, ob es denn stimme, daß der Autor eine Fähigkeit zur politischen Seismographie an sich gehabt habe und was denn nun die Indizien gewesen seien, an denen der sensible Horcher die Anzeichen der künftigen Katastrophe herausgehört habe. Denn wenn die jüdische Katastrophe nach 1933 die notwendige Konsequenz des Faschismus, sein reinster Ausdruck sein mußte, wofür vieles spricht, dann sollte auch in der »jüdischen« – nicht allein in der »bürgerlichen« – Welt der Jahrhundertwende jenes ferne Zittern der künftigen Katastrophe zu finden sein. Gerade die materialistischen, marxistischen Interpreten gingen, fixiert auf ihre Kapitalismus-Faschismus-Abstrakta, dieser Ahnung aus dem Wege und fielen darum ihrer Quellenunkenntnis und einem nostalgischen Syndrom zum Opfer, wenn sie (gleich Werfel in dem oben angeführten Zitat) es allein Kafkas poetischer Imagination zuschrieben, daß er inmitten der angeblich friedlichen Bürgerwelt der Jahre vor 1914 seine Visionen zustandebringen konnte: *Kafka schrieb in einer Zeit,* so Lukács, *in welcher der objektive gesellschaftliche Gegenstand seiner Angst historisch noch weit von seiner konkreten Vollentfaltung war. Er schildert und erhebt ins Teuflische also nicht die konkrete und tatsächlich teuflische Welt des Faschismus, sondern die alte Habsburger Monarchie erhält im Licht der Kafka'schen »prophetischen« Angst diese gespenstische Gegenständlichkeit*[26]. Und auf der Liblicer Konferenz meinte man, er habe nur *die mörderische Alltäglichkeit der bürokra-*

tischen Gesellschaft wahrgenommen. Denn *die Schrecken des Faschismus sind im wesentlichen nichts anderes als die zeitlich verdichteten und in ihrer Eigenart klarer in Erscheinung tretenden Schrecken des gewöhnlichen Lebens inmitten einer friedvollen Bürgerwelt*[27].

Noch ein Wort zur Methode. Da sich dieser Versuch als Sekundärliteratur zur Sekundärliteratur der Kafkaforschung versteht, soll die charakteristische Quelle ausgiebig zu Worte kommen; ein Steinbruch künftiger materialistischer Exegese ist das bescheidene Ziel. Zur besseren Unterscheidung sind die von Kafka selbst stammenden Zitate bereits im Text gekennzeichnet. Einige (seltene) Verweise auf das Werk Kafkas sind dort gewagt, wo sie plausibel erscheinen. Sie nehmen das Verdikt »aus dem Zusammenhang gerissen« bewußt auf sich. Es kann hier nicht auf ein akribisches Puzzlespiel der »Einflüsse«, »Stoffe«, »Motive« ankommen, das, soll es überzeugen, jenes hohen Standards an kleinräumiger kausaler Beweisführung bedarf, der die akademische Germanistik auszeichnet. Vielmehr ist Ausgangspunkt die Vermutung, daß es im letzten doch ein Kontinuum sei, in dem Werk, Person und Welt eines Autors angesiedelt sind, auch wenn die derzeit verfügbaren analytischen Instrumente noch keine befriedigenden Verbindungen herstellen können. Einstweilen ist eine historische Collage wie die hier versuchte vielleicht ein Zwischenstadium; sie soll den am wenigsten bekannten Teil der eben erwähnten Dreiheit, die Welt der Kafkas, dokumentieren.

II
Die schwierige Welt des Jakob und Herrmann Kafka

Herrmann Kafka wurde 1852 geboren. Die Emanzipation der Juden Böhmens war zu diesem Zeitpunkt gerade drei Jahre alt; ein Jahr später sollte sie vom reaktionären Trend in der österreichischen Innenpolitik zum Teil weggewischt werden, zur Freude der christlichen Böhmen:

Schon bei mehreren Anlässen ist . . . angezeigt worden, wie groß der Haß und die Verachtung der christlichen Bevölkerung . . . gegen die Juden sei, und wie geringen Anlasses es bedürfe, um den gärenden Stoff zur hellen Flamme anzufachen. Als die kaiserlichen Erlässe (Aufhebung der demokratisch-parlamentarischen Verfassung. A. d. V.) . . . *erschienen, war es in der Tat auffallend, daß eine der ersten Folgerungen, die man daraus zog, auf die Juden Bezug hatte, und daß christlicherseits allgemein die Hoffnung ausgesprochen wurde, die den Juden erteilten Freiheiten beziehungsweise ihre Gleichstellung mit den übrigen Staatsbürgern, würde ihnen wieder abgezogen werden*[1].

Was war das für eine Gruppe, diese böhmischen Juden, daß Staat und Gesellschaft so viel Aufhebens von ihnen machten? Die gut siebzigtausend Juden Böhmens, die außer in Prag (ca. zehntausend) vor allem in den »Judengassen«, den zwangsweisen Ghettos im tschechischsprachigen Landesinnern Böhmens lebten, waren bis 1848 eine gegenüber dem Rest der Bevölkerung durch Ausnahmegesetze, Besitz- und Heiratsverbote, Berufs- und Ansiedlungsbeschränkungen, schließlich durch eine erpresserisch hohe Sondersteuer und eine Vielzahl von Schikanen im bürgerlichen Leben zurückgesetzte, letztlich nur geduldete Minderheit gewesen. Die tieferen Motive des österreichischen Polizeistaats für diese Sonderbehandlung der Juden waren schon damals aufmerksamen Betrachtern nicht verborgen geblieben:

Der Staat kann zu jeder Zeit auf die gedrückte Lage der Juden hinweisen, um dem Bürger dessen unendlich bessere Stellung zu beweisen. Es ist dies eine feine Politik. Man unterhält Heloten, um durch den Gegensatz einen Schein von Freiheit zu gewinnen. Wären die Juden im Besitz derselben Konzessionen, welche die Katholiken als Privilegien besitzen, so würden diese ihre Forderungen höher stellen, die aber der Staat nicht gewähren kann, ohne die Grundfesten seines Wesens zu unterminieren[2].

Dennoch besaßen die Juden in der böhmischen Gesellschaft der Jahrhundertmitte eine Bedeutung, die ihren prozentualen Anteil von 1,8 % der Gesamtbevölkerung weit übertraf: zusammen mit dem deutschen Bürgertum Böhmens waren sie Träger und Promotoren des industriell-kapitalistischen Umbruchs, der aus Böhmen binnen einer knappen Halbjahrhundertfrist das industrielle Zentrum der Monarchie machen sollte. Diese enge Beziehung von Judentum und Kapitalismus war keine zufällige Verbindung; die Grundprinzipien der modernen kapitalistischen Wirtschaft, die Auflösung der Produktion in Technik und Kommerz trafen sich sozusagen spiegelbildlich mit den Ausnahmegesetzen, vermittels welcher Juden das »ehrbare Handwerk« der Städte verschlossen war, ebenso wie die Landwirtschaft auf eigenem Grund und Boden; so waren sie auf den fast einzigen Berufszweig des Handels angewiesen. Der Großhandel Böhmens mit Industrie- und Agrarprodukten war fast ein jüdisches Monopol, erst recht aber der Detailhandel auf dem flachen Land, ausgeübt von einer Unzahl von Hausierern, der Mehrzahl der böhmischen Juden des 19. Jahrhunderts. Žid, Jude, ist in dieser Zeit vielerorts ein Synonym für den Kaufmann überhaupt. Ein ökonomischer Sauerteig also, dieses Judentum: *Der Vater war in Humpoletz geboren, arbeitete als Tuchmacher und hatte ein Schnittwaare Geschäft in Podĕbrad. Er hatte 4 Brüder die Fabrikbesitzer waren . . . Ich hatte 5 Brüder von denen 4 Geschäftsleute wa-*

ren und einer Arzt ist[3], vermerkte Kafkas Mutter Julie in einer autobiographischen Notiz über ihre Familie.

Obgleich an der Zahl nur ein kleiner Bruchteil der ganzen Bevölkerung, so schrieb um die Mitte des Jahrhunderts ein böhmischer Nationalökonom, *sind doch die Juden in Böhmen durch ihre Rührigkeit und ihren klug gewählten Einfluß von nicht geringer Bedeutung. Sie haben vorzugsweise den Handel in Händen und während sie im ganzen Lande zerstreut sind, einigt sie das nationale Band zu einer natürlichen Gesellschaft, was ihre Handeltätigkeit nicht wenig fördert ... in ihrer wechselseitigen Unterstützung wächst die Handelskraft so an, daß sie auch große Unternehmungen durchführen kann. So haben sie vorzüglich den Viehhandel und den Produktenhandel der Landwirtschaft wie Wolle, Federn, Getreide, Heu usw. an sich gezogen. Als Hausierer endlich stellen sie eine tausendfädige Verbindung zwischen den Industriellen und den Urproduzenten her und verweben und verkitten so die beiden großen Nationalitäten als neutrales Mittelglied mit beiden Sprachen ausgerüstet*[4].

Sie waren eine kapitalistische, mit Handel, Geldverleih, Tausch und Kauf befaßte Gruppe, aber nicht materiell arriviert. Vielmehr war das Gros der jüdischen Gesellschaft in den Judengassen zweifellos arm, bitter arm wie die elterliche Familie Herrmann Kafkas in Wossek, die zu acht in einer winzigen Kate leben mußte. Indes war diese Armut in ihrer Bedeutung auf die spätere soziale Entwicklung nicht zu vergleichen mit dem Elend der Häusler, der Heimweber, der heruntergekommenen Handwerker Böhmens, aus denen dann das neue industrielle Proletariat herauswachsen sollte. Bei aller Dürftigkeit und Kargheit enthielt das böhmische Judentum gleichsam die Keime zu dem nach 1848 explosiv sich entfaltenden jüdischen Wirtschaftswunder. Die jüdische Sozialstruktur entsprach in ihrer horizontalen Gliederung in nuce einer künftigen bürgerlich-industriellen städtischen Mittelschicht, und tatsächlich änderten sich die großen statistischen Konturen der böhmischen Juden nicht im ganzen 19. Jahrhundert: Im Jahr 1800 wie im Jahr 1900 waren ca. 50 % in kommerziellen Berufen tätig, ca. 20 % in Industrie und Gewerbe. Diese merkwürdige jüdische Gesellschaft des Ghettos auf dem Lande kannte wohl arm und reich, aber keinen Klassenkonflikt:

Natürlich teilte es sich vor allem in Reiche und Arme; aber dieser Gegensatz griff sozial keineswegs so tief ein ... Es lag hier eine gewisse Gleichartigkeit des Denkens und Fühlens vor. Sie entstammte vor allem dem Umstande, daß die Bewohner des Ghettos als Händler den gleichen Beruf hatten; sodann aber läßt die Denkweise der Juden diesen Gegensatz überhaupt nicht so scharf hervortreten. Auch der kleinste Jude hat intuitiv die ökonomische Einsicht, daß der Unterschied zwischen großem und kleinem Besitz ein natürlich entstandener ist ... Es fällt ihm nicht ein, den Reichen zu befehden oder auch nur zu beneiden; er strebt nur dahin, selbst womöglich ein kleiner Millionär zu werden, und wenn ihm dies nicht gelingen kann, so wünscht er es bei seinem Sohne oder Enkel zu erleben[5].

Noch in der Geste Herrmann Kafkas, die den Sohn Franz in der Synagoge auf *die Söhne des Millionärs Fuchs* (H 199) aufmerksam macht, liegt diese Haltung.

Der Bildungsverbrauch der Juden Böhmens stand in keinem Verhältnis zu ihren dürftigen materiellen Möglichkeiten. Die Literatur der deutschen Klassik war bis in das kleinste Dorfghetto Böhmens verbreitet; mochten die jüdischen Hausierer auch unter der Woche tschechisch sprechen mit ihrer Kundschaft, so blieb doch das Deutsche die Feiertagssprache, das Medium, vermittels welchem die höheren Gegenstände des Menschlichen ausgedrückt wurden. Die Lektüre Goethes und Schillers gab das Gefühl, einer heimlichen Elite anzugehören: *So ein Jude, der das ganze Jahr mit seinen Kunden nur tschechisch spricht, glaubt, er sei mehr, wenn er den Schiller deutsch kann. Deutsch zu können bedeutet so viel, wie zu irgendeinem Adelsstand zu gehören*[6].
Die jüdische Aufklärung Mendelssohns wie der Josefinismus, dem die

Juden am Ende des 18. Jahrhunderts die erste Stufe der Emanzipation verdankten, waren im Gewande der deutschen Sprache gekommen; für den jüdischen Großhandel wie für die jüdische Intelligenz war die deutsche Sprache als lingua franca der Monarchie notwendige Voraussetzung des Überlebens. Deutsch war auch die triviale Unterhaltungsliteratur der Juden verfaßt seit langem:

Das aber ist gewiß, daß derjenige, dem es bekannt ist, durch wie viele feine Fäden das jüdische Religions- und Gemütsleben, das jüdische Familienleben mittels dieser Weiberliteratur mit dem deutschen Sprachgeiste zusammenhängt, sich keinen Illusionen über die Verdrängung des Deutschtums aus den Herzen der mitteleuropäischen Juden hingeben kann . . . aller Nationalitätenschwindel wird es nicht vermögen, diesen Einfluß je zu brechen. Die Geschichte des Weibes ist die Geschichte des menschlichen Herzens, und das Judenweib hängt seit Jahrhunderten mit der deutschen Sprache so innig zusammen, daß alle die neu auftauchenden Literaturen ihm nicht den Schatz ersetzen werden, den es im Deutschtum allein besitzt. Man darf diesen Einfluß, der in frühern Jahrhunderten geübt wurde, nicht so gering anschlagen. Denn ist auch die vormalige Weiberliteratur aus der Mode gekommen, und hat die gehobenere ästhetische Bildung unserer Töchter diese auf das Gebiet der allgemeinen Literatur gebracht, so blieb doch der Hang zur Lektüre im jüdischen Weibe derselbe, und die Deutschen hatten ihren Schiller und Göthe, ehe sich noch die Natiönchen unseres Jahrhunderts darauf erinnerten, daß ihrem Idiom nichts Geringeres als Grammatik, Wortschatz und Weltbedeutung fehle[7].

Es war daher am Ende vielleicht instinktlos, aber objektiv richtig von der deutschen Germanistik, daß sie Franz Kafka unkritisch in die »bodenständige« Literaturgeschichte seit der Klassik einordnete. Vielleicht käme überhaupt eine ernsthaft literatur-soziologisch vorgehende, nicht die Produzenten, sondern die Konsumenten literarischer Produkte in den Mittelpunkt stellende Literaturgeschichte zu dem Ergebnis, die im slawischen Ostmitteleuropa lebenden Juden seien relativ zu ihrem numerischen Anteil an der deutschsprechenden Bevölkerung Mitteleuropas weit stärker an der deutschen Literatur beteiligt als das »deutsche Volk«. Man tut darum gut, jene in der Wagenbach-Schule eingebürgerte Terminologie, wonach Kafkas Vater dem *tschechisch-jüdischen Provinzproletariat*[8] entstammt sei, sehr mit Vorbehalten zu gebrauchen. Denn die Mehrheit der böhmischen Juden war des Deutschen *und* des Tschechischen mächtig, wie es angesichts ihrer Händlerfunktion nicht anders zu denken ist, auch wenn die Kenntnis der beiden Landessprachen sicherlich oft fragmentarisch und der jüdische Jargon, wie es zeitgenössische Beobachter nannten, eine »Enzyklopädie« mehrerer Sprachen blieb. Sicherlich war so auch die Sprache Jakob Kafkas, des Wosseker Großvaters. Sein Grabstein jedenfalls trug eine deutsche Inschrift[9], deutsche Vornamen erhielten seine Söhne Herrmann, Philipp, Ludwig und Heinrich. Und deutsch unterrichtete auch die jüdische Schule in Wossek, die Herrmann Kafka besuchte.

Freilich, dieser sprachsoziologische Befund galt nicht für die Juden allein, sondern traf auf fast die gesamte böhmische Gesellschaft zu. Mit Ausnahme der rein deutschsprachigen industriellen Randgebiete Böhmens verharrte die Gesellschaft Böhmens noch weit ins späte 19. Jahrhundert hinein in einem Zustand der unentschiedenen Zweisprachigkeit. Erst spät vollendete sich die Perfektion des Junktims zwischen Sprachgebrauch und politisch verstandener Nationalität, jener Prozeß der Entmischung und Integralisierung der nationalen Identität, der die Menschen Böhmens nach 1848 von Jahrzehnt zu Jahrzehnt heftiger zwang, sich als eindeutige, integral verstandene »Deutsche« oder »Tschechen« zu deklarieren. Noch war dies eine »landespatriotische«, sich am historischen und geographischen Begriff eines Vaterlandes Böhmen orientierende Gesellschaft. Politisch geleitet von einer Hocharistokratie, die nirgendwo in Europa gleich mächtig und materiell bedeutend war, und im Stile halber Souveränität auf Schlössern inmitten ausgedehnter Grundherrschaft residierte. Aber im Kleinbürgertum der böhmischen Städte begann es demokratisch und sozialrevolutionär zu gären, und als ideologischer Kristallisationskern formierte sich der Kanon eines tschechischen Nationalgefühls, das nun von Zweisprachigkeit und gleicher Heimat nichts mehr wissen mochte, unter Berufung auf den böhmischen Staat des Mittelalters fort von Wien wollte und die deutschsprachigen Böhmen zu *deutschen Fremdlingen* zu verschreien begann.

Es war das Unglück der Juden, daß just in diesem historischen Augenblick ihr Werben um den Eintritt in die bürgerliche Gesellschaft begann. Assimilation — Anähnlichung nennt man den Vorgang in Westeuropa. Er war schwierig genug auch in Böhmen, soweit seine Gesellschaft sich um die Jahrhundertmitte (und ein Teil von ihr bis ins 20. Jahrhundert) als Teil dieser »deutschen« westeuropäischen Gesellschaft fühlte, und dauerte im Grunde bis in die Lebenszeit Franz Kafkas hinein. Noch R. M. Rilke mokierte sich mit der Gräfin Nádherný über den degoutanten *Judenbub* Werfel[10].

Assimilation konnte kein leichter, kein schneller Vorgang sein, er verlief verschieden von Familie zu Familie, von Gruppe zu Gruppe. Sprache und Habitus, die wichtigsten Bausteine des kulturell-sozialen Musters einer Gesellschaft, waren andere in den jüdischen Ghettos als in den christlichen Städten; und gerade die Wortführer der Emanzipation, die sich den Verhaltensmustern der bürgerlichen nicht-jüdischen Gesellschaft anzupassen verstanden hatten, fühlten bitter den peinlichen Abstand, wußten sich kompromittiert durch die Zusammengehörigkeit, durch den in Prag stereotypen *Vorwurf von des Juden Schmutz und des Juden Küchenzettel*[11], den jüdischen *Akzent, der oft am gebildetsten Juden unangenehm berührt*[12], wollten nicht identifiziert werden mit den *geistig oft nur zu beweglichen, in Haltung und Ausdruck meist ruhelosen Israeliten*[13]. Besonders die kleine materiell saturierte jüdische Oberschicht litt unter der Diskrepanz zwischen ökonomischer und sozialer Position, empfand sich als ausgesperrt aus der bürgerlichen Gesellschaft und wollte den unfreiwillig definierenden Aggregatzustand schleunigst verlassen: *Der Jude geht meistens mit seinen Glaubensgenossen um; nicht aus Nationalgefühl, sondern weil der*

Christ den Umgang mit ihm verschmäht. In allen Straßen Prags wird der Jude, auch der reichste und vornehmste, nur als solcher angesehen[14].

Und so beschwor denn die pädagogische Literatur der Juden in Kalendern und Jahrbüchern (die neben den Terminen der Jahrmärkte Böhmens, den jüdischen Feiertagen, den Geburtstagen des Kaiserhauses auch belehrende Aufsätze für ihre Leser bereithielt) das Ideal der habituellen Assimilation an die Gesamtgesellschaft: *Und dennoch wird man bemerken, daß es selbst von den geringeren Klassen immer lebhafter empfunden wird, wie sehr es not tue, das im Umgange sich als auffallend, unangenehm oder lächerlich Darstellende abzustreifen, während diejenigen, welche den Unterricht an christlichen Lehranstalten genießen, oder sonst ... nicht auf den Umgang mit Stammesgenossen beschränkt bleiben, sich größtenteils hiervon emanzipiert haben*[15].

Was blieb von diesem forcierten Eingliederungsprozeß eines gewachsenen Sozialkörpers in fremde kulturelle Koordinaten, das war ein über Generationen noch labiles Verhältnis zu dem neuen Gehäuse, ein Mißtrauen in die eigene Zuständlichkeit, das man mit übertrumpfenden Demonstrationen der Zugehörigkeit zur westeuropäischen Bildung zu überdecken suchte; gleichwohl hatte, als die Wellen des radikalen Bildungsantisemitismus am Ende des Jahrhunderts hochbrandeten, das breite jüdische Bürgertum noch keine stabile Identität erreicht.

Wenn man Kafkas »Bericht für eine Akademie« als Assimilationsallegorie versteht, dann gibt es keine bessere Formulierung für den ungeheuren psychischen Aufwand dieser sich assimilierenden Generationen:

Und ich lernte, meine Herren. Ach, man lernt, wenn man muß; man lernt, wenn man einen Ausweg will; man lernt rücksichtslos. Man beaufsichtigt sich selbst mit der Peitsche; man zerfleischt sich beim geringsten Widerstand. (SE 194)

Bekannt ist der erbitterte Kampf, der in den deutsch-jüdischen Familien des 19. Jahrhunderts gegen die Reste des Jargons geführt worden ist, gegen das *lautgewordene Ghetto*[16]. Noch 1912, in seiner »Rede über den Jargon« spricht Kafka sein immerhin national jüdisch interessiertes Publikum darauf an, daß *manche unter Ihnen eine solche Angst vor dem Jargon haben, daß man es fast auf ihren Gesichtern sieht ... Aber Angst vor dem Jargon, Angst mit einem gewissen Widerwillen auf dem Grunde ist schließlich verständlich wenn man will.* (H 422)

Aber wie schwer wurde es erst, sich einer Gesellschaft zu assimilieren, die nun unübersehbar zu zerfallen begann? 1844 sandten einige Angehörige der jüdischen Intelligenz Prags an die ideologischen Mentoren der neuen tschechischen Nationalbewegung einen faszinierenden Entwurf: der tschechische Nationalismus sollte in einem großen Programm der sozialen Integration die Juden an sich ziehen, ihnen politisches Heimatrecht gewähren, um damit das Entscheidende zu gewinnen, das ihm fehle: eine bürgerliche Mittelschicht[17]. Im gleichen Jahr noch zerrann der Traum im Nichts, als die in ganz Europa spektakulären antisemitischen Arbeiterunruhen in Prag signalisierten, daß gerade der Faktor der Judenfeindschaft, das Gefühl der Überlegenheit gegenüber einer ökonomisch dominanten, gesellschaftlich aber unterlegenen Minderheit den Zündstoff an sozialrevolutionärem Antikapitalismus und Antiindustrialismus, den die große Wirtschaftskrise der vierziger Jahre anhäufte, zur Explosion bringen konnte.

Die malkontenten Arbeiter hatten sich in einer gewissen Straße gesammelt, zu ihnen gesellte sich bald ein Troß der niedrigsten Volkshefe, die von geschäftigen Hetzern aufgestachelt, jeden dort vorübergehenden Juden die Ausbrüche ihres Hasses in Wort und Tat fühlen ließen. Von vielen Bürgern wurden die Flammen geschürt; überall Verwünschungen und Schmähungen gegen die Juden ausgestoßen, hie und da einzelne geneckt, geschlagen, mit Steinen geworfen, und allenthalben Drohungen gegen das Eigentum und die Sicherheit der sämtlichen Judenschaft vorgenommen; Drohungen, deren Realisierung der niedere Plebs mit einem rohen, unbändigen Jauchzen und der höhere mit einem raffinierten Schurkenlächeln im voraus schon feierte[18].

Vorbei waren alle Gedanken an eine Adaption des Judentums durch den tschechischen Nationalismus. *Der steinspeiende Arbeiterkrater hat ausgetobt, unser Militär hat siegreich den Wahlplatz verlassen, die Polizei hat ihre Unentbehrlichkeit dargetan, und unsere Juden sind schrecklich enttäuscht worden. Wenn wir von den Geburtswehen der tschechischen Nationalität hörten, wenn slawische Zeitungsherolde das Herannahen des Böhmenreiches verkündeten, glaubten wir, die Freiheit habe sich nach den böhmischen Wäldern verirrt ... Es war, als sähen wir schon die Juden im neu erbauten Rathause sitzen ... Es war, ist aber nicht...*[19].

In den Jahren bis zur 1848er Revolution munkelte man im Prager Kleinbürgertum, die Juden würden vielleicht in einigen Jahren gezwungen sein, bei Nacht und Nebel aus der Christenheit zu flüchten. Und der Verlauf der Revolution erhärtete dann alle üblen Befürchtungen der Juden: die siegreiche tschechisch-demokratische Bewegung klammerte das Problem der jüdischen Emanzipation aus, ängstlich bedacht, die radikalisierten städtischen Unterschichten Prags nicht zu verärgern, deren Stimmung *gegen Deutsche und Juden eine fürchterliche*[20] war.

In den Memoiren des liberalen Sozialromantikers Alfred Meissner, die Franz Kafka 1918 (als die nächste Prager Revolution anstand), als *in politischer Hinsicht von einer geradezu blendenden Aktualität* (Br. 274) las, ist die Physiognomie des antisemitischen Prag 1848 eindrucksvoll geschildert:

Eins noch machte Prag in diesen Tagen häßlich und unheimlich. Ein recht mittelalterlicher Judenhaß organisierte fast täglich kleinere oder größere Raubzüge gegen die harmlosen Bewohner der Judenstadt. Meine Erinnerung bewahrt als eines der unheimlichsten und widrigsten Bilder eine Judenhetze, der ich am ersten Tag des »Wonnemonds« beiwohnte. Man denke sich die krummen, engen Gassen des Prager Ghetto mit den schwarzen schmalen Häusern, die Nacht ist beinahe angebrochen ... Eine wilde Menge staut sich brüllend in der Gasse, es sind meist Buben und betrunkene Kerle, leider sind auch Weiber darunter. Der Pöbel ist in zwei Häuser eingebrochen, die Fenster sind aufgerissen, Möbel und Eigentum wird in die Gasse hinuntergeworfen und die Menge johlt ... Einer der Plünderer hat sich aufs Fenster gesetzt und reißt seine Witze, die der Pöbel bejubelt. Jetzt schwimmen Millionen Flocken durch die Luft, als gäbs ein Schneegestöber, der Kerl hat Betten aufgeschnitten ... Was das für ein Spaß ist! Das Gelächter und Gebrüll der Menge durchtönt ein herzzerreißendes Jammergeschrei. Ist es nur das Jammern um die verlorene Habe? Ists mehr? Wird auch zum Spaß ein Bißchen gemordet? ... Jetzt aus dieser, jetzt aus jener Seitengasse stürzt Einer, den man gehöhnt und geneckt, bis er zu laufen angefangen hat, herbei, seine Verfolger hinter ihm, und sucht sich im Gewirr zu salvieren. Wo ist er? Man drängt, man stößt sich ... Da vernimmt man Trommelwirbel — es kommt näher — Militär rückt heran — werden sie schießen?[21]

Großangelegte Flugblattkampagnen forderten die radikale ökonomische Verdrängung des jüdischen Handels, die Pamphletisten stellten dabei Überlegungen an wie diese: *Aber was bleibt zu tun? Wir können doch nicht alle Juden grauenhaft töten oder auch aus dem Lande verjagen ...*[22].

Kein Wunder, daß die böhmischen Juden, deren Intelligenz zu den erfolgreichsten Vorkämpfern des österreichischen Liberalismus gehört hatte — man denke an Ignaz Kuranda und Moritz Hartmann, die 1848 in der Paulskirche dem linken Flügel angehörten —, nun nach mehreren antisemitischen »Judenexcessen« im Frühjahr 1848 den militärischen Liquidator der Revolution, den Fürsten Windischgrätz, begeistert begrüßten. *Das allgemeine Gerücht antwortet, daß wir einer großen Gefahr entronnen sind. Es wäre nämlich auf den Adel, auf die Deutschen und Juden abgesehen gewesen; man hätte sie teils ermorden, teils aus dem Lande jagen und ihre Habe ... verteilen wollen ... Bloß 3 Gulden hätten jedem Juden gelassen werden sollen, als Zehrgeld auf die Reise*[23]. Vielleicht erinnerten sich nun die Juden, daß der brillante publizistische Kopf der tschechischen Nationalbewegung, Karel Havlíček Borovský, sich 1846 gegen jede tschechische Assimilation der Juden ausgesprochen und dabei unmißverständlich mitgeteilt hatte, die Juden seien ein »semitisches Volk«, das nur »zufällig« in Böhmen wohne und »bisweilen« die Landessprache verstehe[24]. Die tieferen Motive des Nationalpädagogen für diese Zurückweisung entbehrten dabei nicht einmal einer gewissen Logik. Denn Havlíček war der Sprecher eines nationalen Bürgertums, das um seinen Platz an der Sonne zu kämpfen begann. Eine aufsteigende Schicht wie diese bedurfte des Realismus, der Energie, des praktischen Ellenbogenkampfes, der Skrupellosigkeit — alles Eigenschaften also, die in Havlíčeks Augen (bzw. in denen des tschechischen nationalen Lagers) die Juden in reichem Maße ihr eigen nannten. Darum Havlíčeks Angst, die Juden möchten, öffnete man ihnen das soziale »Vaterland«, allzu rasch jene Positionen ergattern, welche das tschechische Bürgertum für sich zu reservieren wünschte. Assimilation mit den Tschechen hätte bedeutet, daß die Juden mit einem Schlage die führenden Positionen okkupieren konnten und damit das Wachsen eines nationalen Establishments gefährdet war[25].

Nun, im Sommer 1848, kam es unter dem Motto »Auf nach Amerika« zu einer Auswanderungswelle begüterter Juden nach Übersee; man wollte »dieser Freiheit« aus dem Weg gehen. Erst nach dem Zusammenbruch der Revolution, als 1849 ein reaktionärer junger Kaiser Franz Joseph den Thron bestieg und einer zentralistischen Bürokratie die Macht in Österreich zugefallen war, gewährte die oktroyierte 1849er Reichsverfassung die volle Emanzipation. Das »Neuösterreich« wollte den ökonomischen Vorsprung der westeuropäischen Staaten aufholen und bedurfte der Mobilität der Juden. Der politische Moment prägte den Horizont der böhmischen Juden für viele Generationen, hier wurde der Grund gelegt für die trotz aller Rückschläge und politischen Veränderungen geradezu versteinerte Kaiser- und Reichstreue der Juden, welche die jüdischen Kalenderdichter in blumige Verse bringen konnten: *Solang Franz Joseph lebt, ist uns nicht bang*[26].

Soweit das jüdische Umfeld der Politik, in das Herrmann Kafka hineingeboren wurde. Der große Spannungskreis von Assimilation, Fremdheit und Antisemitismus war zu Beginn der Epoche schon einmal mit allen radikalen Konsequenzen durchgespielt worden, und ob die jüdischen Familien die Erinnerung daran nun verdrängten oder bewahrten, der sozialpsychologische Schutt blieb sicherlich übrig.

In den Kindheitsjahren Herrmann Kafkas begann das Wirtschaftswunder der böhmischen Juden. Die Emanzipation gab die Freizügigkeit, das Recht, sich überall im Reiche anzusiedeln, sie gab endlich das Recht zur Familiengründung. Mobilität also – geographische, ökonomische, soziale. 1849, als weit überjahrter Junggeselle, konnte Kafkas Großvater Jakob seine 32jährige Braut heiraten[27]. Der stürmisch aufblühende österreichische Hochkapitalismus räumte dem *glücklichen Spekulationsgeist*[28] der böhmischen Juden alle Chancen ein, auch den allerärmsten, zu denen Herrmann Kafka gehörte. Das ruhelose Wandern ist das Leitmotiv der Generation Herrmann Kafkas, von dem einen Heimatdorf, das ein Zwangsaufenthalt gewesen war, in das nächste (auch Wossek war eine »neue«, erst nach 1848 entstandene jüdische Ansiedlung[28a]), in die Kleinstadt, in die deutsch-böhmischen Industriesiedlungen am Rande Böhmens, nach Prag, nach Wien, überall dort nur so lange verweilend, bis die materielle Plattform zum Sprung in die nächste Etage der Rückkehr in die städtischen Metropolen erreicht war, der Rückkehr jenes »Schattenbürgertums«, das das böhmische Landjudentum gewesen war. Herrmann Kafkas Bruder Philipp landete im tschechischen Kolín als Kaufmann, Heinrich im deutschböhmischen Leitmeritz. Nicht überall gelang den Juden die Ansiedlung beim ersten Anlauf. Haustüren wurden mit Blut beschmiert, Fenster eingeschlagen, Verkäufer, die ihre Immobilien in jüdische Hände übergehen lassen wollten, bedroht und boykottiert. Mehrere Städte in Böhmen führten Prozesse mit dem Hinweis auf ihr mittelalterliches Privileg de non tolerando Judaeos[29]. Wo sie Fuß faßten, blieben sie gleichwohl ausgeschlossen; gerade im tschechischen Landesteil war *Verachtung* die Essenz der Beziehungen. *Alles an den Juden war fremd und anders als bei uns. Es fällt mir schwer zu definieren, was uns an diesem Judentum abstieß. Z. B. haben wir uns geekelt, etwas von Juden zu essen zu nehmen*[30]. Wir wissen nichts über die Stationen von Herrmann Kafkas frühen Jahren, in denen er *schon mit zehn Jahren ein Wägelchen auch im Winter und sehr früh am Morgen durch die Dörfer schieben* mußte und *jahrelang infolge ungenügender Winterkleidung offene Wunden an den Beinen* hatte (H 183). Aber sein Weg wird dem Schema unzähliger anderer jüdischer Aufstiegsbiographien geglichen haben, die vom »Dorfgehen« (Hausieren) über die »Gemischte Warenhandlung« auf dem Land zu wohlanständiger kommerzieller und industrieller Tätigkeit in der Großstadt führte. Keine Frage, daß die Juden schon wegen ihrer zunächst noch fast monopolistischen Stellung als Kaufleute im tschechischsprachigen Landesinnern an all den harten Begleiterscheinungen voll teilhatten, die der wirtschaftliche Strukturwandel im Zeichen des unbegrenzten Konkurrenzdenkens mit sich brachte. Selbst die österreichische Bürokratie (gemessen am allgemeinen Bewußtseinsstand sicherlich eine »progressive« Gruppe) glaubte,

daß den Israeliten nicht ganz unrecht geschieht, wenn man sie im ungünstigen Lichte betrachtet, denn abgesehen davon, daß sich selten einer zu einer bürgerlichen, mit körperlicher Anstrengung verbundenen Beschäftigung herabläßt, sondern beinahe alle sich nur von Schacher und Handel ernähren, und selbst diejenigen, die ein Handwerk erlernt haben, dieses beinahe immer durch christliche Hilfsarbeiter betreiben lassen, während sie selbst bequemeren, einträglicheren Erwerb durch Geldgeschäfte wählen, so streifen sie bei ihren Handelsgeschäften auch sehr oft bis auf den untersten Rand dessen, was noch Recht ist . . .[31].

Geldleihe, Wucher, Untergang des kleinen Bauerngrundbesitzes, Niedergang des Handwerks unter der Konkurrenz der Verlags- und Fabrikindustrie, die vielerorts rein jüdisch war, so in Südböhmen, in der Strakonitzer Gegend, woher Herrmann Kafka stammt: da wuchsen soziale Spannungen, häufte sich emotionaler Zündstoff auf, den die jüdischen Aufsteiger in ihrem Kapital-Akkumulationswahn ignorieren mochten, vielleicht auch, weil sie sich selbst als die allzu lange Zukurzgekommenen noch interpretierten, die nun endlich kraft ihrer besser entwickelten »kapitalistischen Ethik« von Ausdauer, Lebensverzicht und spekulativem Wagemut nach oben kommen durften. Man warf ihnen vor, *mäßig, frugal, karg und ärmlich zu leben, ... alle ... Bedürfnisse möglichst zu beschränken, ... dadurch aber alles Geld einzuscharren und nichts in Umlauf zu setzen ...*[32]. Daran war etwas; Herrmann Kafka, nach Prag zugewandert, wohnte zunächst in den Slums des alten jüdischen Ghettos, bevor er sich als erfolgreicher Großhändler etablierte. Es war ein unbändiger, rastloser, eigentlich abstrakter, eher vom Kollektiv als vom Individuum ausgehender Aufstiegswille, dieser auch Herrmann Kafkasche *Lebens-, Geschäfts- und Eroberungswille* (H 164), der da antrieb, der Wille recht zu behalten und es einer Gesellschaft zu beweisen, die die Juden zu Parias gestempelt hatte:

So lastete während der Jugendjahre düsteres Denken auf meinem Gemüte, nur aufgepeitscht von leidenschaftlichem Verlangen: hinaus nur und hinauf ... Noch jetzt ist mir nicht der erreichte Besitz ... zur vollen Befriedigung, sondern das Erringen, Erkämpfen ist mir ein Bedürfnis ... Mein Herz wird noch immer zuweilen von dem beängstigenden Gedanken bewegt, es könnte mich oder meine Kinder ein Rückfall in die engen beklemmenden Vorgänge meiner Jugend bedrohen[33].

So erinnerte sich ein Mitglied der jüdischen haute bourgeoisie Böhmens um die Jahrhundertwende; bei Herrmann Kafka kann es nicht viel anders gewesen sein.

Der Druck ging auch aus von dem »harten Kern« der Sozietät, von dem Kreis um die Rabbiner, Lehrer, Publizisten, die in der jüdischen öffentlichen Meinung die Leistungspeitsche schwangen. Alljährlich publizierten »Pascheles' Kalender und Jahrbuch für Israeliten« oder »Brandeis' illustrierter jüdischer Kalender« eine Art von kollektiver jüdischer »Erfolgsstrecke«, wo *Wissenschaftliche Bildung im Allgemeinen, Ehrenämter und Auszeichnungen, Militärdienst, Orden und Auszeichnungen, Großartiger Wohltätigkeitssinn* neben dem Lobpreis erfolgreicher kommerzieller Tätigkeit zu finden waren. Die pädagogische Trivialliteratur des nun in den fünfziger Jahren mächtig aufblühenden tschechischen Nationalismus machte aus der rein ökonomisch motivierten Binnenwanderung der Juden und ihrem Aufstiegsweg ein Zerrbild, das auf die Umrisse des jüdischen Image nachhaltig verheerende Wirkungen ausüben sollte. Kalendergeschichten und Broschüren waren lange Zeit die einzige Massenliteratur der jungen tschechischen Literatur, mächtig verbreitet noch in Franz Kafkas Jugendzeit, verfaßt von betriebsamen Geistlichen und »patriotischen« Lehrern. Die Geschichten, wie sie beispielsweise einer der Erfolgreichsten in diesem Genre, der Priester František Pravda (20 Kilometer von Wossek, im südböhmischen Schüttenhofen lebend), Jahr für Jahr fabrizierte, malten das Bild »des Juden« etwa so:

In allen seinen ... Erzählungen ... tritt der Jude als Bösewicht auf. Seine guten Eigenschaften wie Sparsamkeit, Fleiß, Lernbegierde, werden ihm zum Bösen ausgelegt. Sie entspringen bei ihm keinen ethischen, sondern habgierigen Motiven. Der Jude kommt gewöhnlich als armer Teufel mit einem Ranzen am Rücken ins Dorf, nistet sich bei irgendeinem Bauern ein, gibt den Bauern auf Borg Branntwein zu trinken und bringt sie so in ein Abhängigkeitsverhältnis zu sich; er scheut sich nicht, gestohlenes Gut zu kaufen, sein Vermögen wächst von Tag zu Tag, denn er ist, bei allem Verdienst, sparsam, er kauft Hab und Gut der herabgekommenen Bauern zusammen, wird Großhändler mit Vieh, Feldfrüchten, Stroh und Heu und verläßt, sobald er zu großem Reichtum gekommen ist, als Fremder das Dorf, um sein Leben in der Stadt als Industrieller oder Privatier zu beschließen[34].

Ein Feindbild, ebenso simpel wie verhängnisvoll: »der Jude«, der die heile bäuerliche Welt ins Netz eines »zersetzenden« Kapitalismus verstrickt, sie zerstört, um dann – ein moralisches und soziales Trümmerfeld hinterlassend – (mit gefüllten Taschen) »ins Deutsche«, nach Wien zu gehen oder das deutsche Judentum Prags, den Stachel im Fleisch der Nation, zu stärken. Denn das war nun das heiße Zentrum der nationalen Politik in Böhmen: der Kampf um das nationale Gesicht der Landeshauptstadt, nun schon geführt von regelrechten politischen Parteien. Auf der Seite der Tschechen eine bürgerliche Honoratiorenpartei, die »Alttschechen«, verwurzelt im Großbauerntum, in der landwirtschaftlichen Industrie, dem Beamtentum, liiert — halb schlechten Gewissens — mit dem böhmischen Hochadel und dem Klerus, geführt von den großen Männern der 1848er Revolution Palacký und Rieger. Aber dahinter schon drängte die neue kleinbürgerlich-radikale Partei der »Jungtschechen« hervor, begnügte sich noch halbgezwungen mit der Rolle des Kettenhundes, weil das österreichische Zensus-Wahlsystem nur dem Begüterten eine politische Stimme verlieh. Bei den Jungtschechen sammelte sich die ganze Masse der von der wirtschaftlichen Entwicklung Deklassierten, aber auch der energischen Aufsteiger unter den Tschechen, sie war die Partei der radikalen Intelligenz, knüpfte Verbindungen zur Arbeiterschaft, sie war die Partei der »Straße«. Und sie verfügte über das unschätzbare Instrument einer paramilitärischen Turn- und Sportorganisation, des »Sokol« [Falke], die sich als harter ideologischer Kern der zukünftigen Nation verstand und dabei in der Lage war, eindrucksvolle Massen auf die Straße zu bringen, um mit den neuen Formen der politischen Demonstration Macht im Land zu gewinnen.

Wohl verhinderte die Berufung auf idealistische, hussitisch-radikaldemokratische Traditionen die Aufnahme konkreter judenfeindlicher Postulate ins Parteiprogramm, aber die tagespolitische Praxis, der Alltag der Propaganda sah doch die Verwendung antisemitischer Stereotype immer da, wo es zur Mobilisierung der Massenbasis nützlich erschien. Es ist die Sentimentalität eines Pseudosozialismus, der *»den Deutschen«* und *»den Juden«*, am heftigsten aber den »deutschen Juden« als die Inkarnation des Ausbeuters befeindete, eine ideologische Konstruktion, wie gerufen für eine zunächst (aus Gründen des

Wahlsystems) vollkommen machtlose Partei, die sich gleichwohl als die »eigentliche Mehrheit« fühlte und darum nach Stimulantien Ausschau halten mußte, die fähig waren, die Anhängerschaft über die lange Durststrecke parlamentarischer Machtlosigkeit hinaus an sich zu binden. Denn noch lag die politische Macht in Österreich bei den Deutschen, genauer gesagt beim deutschen Bürgertum, und dieses war angesichts der ökonomischen Struktur der Monarchie überwiegend in Böhmen zuhaus. Da war das Prager Großbürgertum, das die soziologischen und politischen Veränderungen lange Zeit überhaupt nicht wahrzunehmen vermochte, so sicher schien ihm die alte böhmische Welt, und das Industriebürgertum der deutschen Randgebiete, mehr mit Wien korrespondierend als mit Prag, gleichwohl gesinnt, den politischen Aufstieg der Tschechen, der doch, so wie die Dinge lagen, ein politischer Aufstieg der Unterschichten sein mußte, möglichst lange hintanzuhalten. Mit dem Beginn des politischen Lebens in den sechziger Jahren schlugen sich die Prager Juden lautstark zu der aus diesen Gruppen entstehenden deutschen »Fortschrittspartei«, und die Mischung aus sozialpolitischem Manchestertum, sentimentalen Erinnerungen an die 1848er »Erhebung« (das Wort Revolution war inzwischen verpönt) und striktem Zentralismus entsprach genau den politischen Anschauungen der Juden. Mit gewissem Recht sagte man, die Juden glaubten nicht an Gott, sondern an die Wiener »Neue freie Presse«, das mächtige Sprachrohr des Deutschliberalismus. Aus der jüdischen Journalistik Prags kamen die schärfsten und beleidigendsten Angriffe auf den jungen tschechischen Nationalismus, hier tönte es, daß *innerhalb der Grenzen des Tschechismus die Erreichung einer höheren Kulturstufe unmöglich* sei, weil Böhmen *ein von deutscher Kultur erobertes Land* sei und dergleichen. Und der deutsche Liberalismus honorierte die Wahlhilfe der Juden. Nun hieß es: *Jeder deutsche Mann soll Freund und Bruder heißen!*[35], die große Politisierungswelle der sechziger Jahre bot sichtbare Beweise gesellschaftlicher Anerkennung im deutschen Bürgertum Prags und Wiens und nicht nur symbolische Anerkennungen; als der deutsche Liberalismus 1867 in Österreich endgültig die Macht übernahm, garantierte er den Juden in der österreichischen Verfassung alle staatsbürgerlichen Rechte; die letzten der in den 1850er Jahren erneuerten Benachteiligungen verschwanden. Zahlreiche Juden zogen als deutsche Abgeordnete in die Parlamente ein, sie zögerten nicht, die eigene Bedeutung aufzuwerten, indem sie sich als Vertreter *aller* böhmischer Juden deklarierten, unbeschadet der Tatsache, daß die Masse der Landjuden sich wohlweislich politisch sehr vorsichtig verhalten mußte. Denn fand auch die nationale Auseinandersetzung auf dem flachen Land nicht mit jener Schärfe wie in Prag statt, so waren die Juden als kaufmännische Mittelschicht doch ernsthaft gefährdet durch die Aussicht, daß soziale und nationale Bewegung wie in den vierziger Jahren sich wieder gegen sie vereinigen könnten. *Da haben wir doch etwas, womit wir die Juden zu Paaren treiben können, äußerte ein Dorfpfarrer vor einigen Jahren, ... hier haben wir etwas, um sie zu strafen, weil sie sich unserer nationalen Opposition nicht anschließen!*[36]

Die ersten, noch zaghaften Selbsthilfebewegungen der Bauern und Handwerker entstanden unter dem Patronat der Jungtschechen, um Kredit und Handelsmonopol der Landjuden zu brechen, das jüdische Kapital zu verdrängen und einen künftigen tschechischen Mittelstand in jene Positionen zu bringen, die jetzt noch die Juden erfolgreich hielten, ja vermehrten. Denn das war ja das Erstaunliche, daß in dieser Zeit, als der sozialpolitische Wind den böhmischen Juden schon sehr ungünstig entgegenwehte, der ökonomische Aufstieg der Juden ungebrochen vorwärts ging. *Er wurde wohlhabend, wie diese ganze Generation Mitte des neunzehnten Jahrhunderts*[37], so sprach man rückblickend um 1900 in Prag.

Gleichwohl: auf welchem Hintergrund! Jede ökonomische Zwischenkrise schwemmte Antisemitismus nach oben. In Südböhmen 1859 judenfeindliche Ausschreitungen der Arbeiterschaft; 1860 versucht der Mob in der Nähe von Prag eine jüdische Geschäftsfrau zu steinigen; 1864: Drohbriefe, das Volk werde *die Juden und Wucherer zusammenschlagen ... es wird bald anders in Prag aussehen;* 1861: dreitägige judenfeindliche »Excesse« in Strakonitz, zehn Kilometer von Wossek; der jüdische Textilfabrikant und deutsche Landtagsabgeordnete Fürth wird bedroht. August 1861: tagelange antisemitische Straßentumulte in Prag, die erst durch den Einsatz regulären Militärs niedergeschlagen werden; eintausenddreihundertzwölf zerschlagene Fensterscheiben — in gebildeten tschechischen Kreisen kann man »vertraulich« die Äußerung vernehmen, es schade »diese Lektion« den Juden gar nicht! Die amtlichen »Stimmungsberichte« der österreichischen Bürokratie, Frühformen der Demoskopie, meldeten monatlich Streiflichter wie das folgende: *Die niedersten Volksklassen lassen sich nicht von der Überzeugung abbringen, daß es keine öffentliche Kalamität, kein Übel gebe, an dem die Juden nicht die Schuld trügen*[38]. 1865/66, auf dem Höhepunkt einer österreichischen Wirtschaftskrise mit Massenarbeitslosigkeit, Hunger, ökonomisch motivierten Selbstmordserien, entfesselte die jungtschechische Presse einen Pressefeldzug gegen *die Universalfeinde der Menschheit — die Juden und ihre Wortführer und die ihren Ansichten anhängenden deutschen Fremdlinge*[39]. Daraufhin entzündete sich im Frühjahr und Sommer 1866 ein antisemitischer Flächenbrand in ganz Böhmen, ausgelöst von judenfeindlichen Arbeiterdemonstrationen; eine Kettenreaktion der Gewalt begann, Militäreinsatz, Tote, Aufruhr. Überall war es der am meisten ausgebeutete und verelendete Bodensatz der Arbeiterschaft, der mit dumpfen pseudorevolutionären Begründungen auf die jüdische Bevölkerung losging: *Es ist ein Judenkrieg, und die Juden müssen alle erschlagen werden ... es wäre meine größte Freude, wenn an jeder Ecke ein Jude aufgehängt sei ... wir müssen in Judenblut baden ...* Bis nach Wien schwappte die antisemitische Welle, nicht zuletzt wegen der vielfältigen sozialen Verbindungen zwischen der Reichshauptstadt und Böhmen: rekrutierte sich doch das Wiener Kleinbürgertum wie die Wiener Arbeiterschaft zum hervorragenden Teil aus tschechischsprachigen Zuwanderern aus Böhmen. In Böhmen wurde das Standrecht verhängt. Erst der Krieg vom Sommer 1866 beendete die Massenbewegung, die in den »hellen Aufstand« der Unterschichten umzuschlagen drohte. Und wieder 1870 Plakate in Südböhmen, *welche die Bevölkerung auf-*

fordern, gegen die Juden loszugehen, sie zu erwürgen, zu hängen, zu ersäufen und zu erschießen[40].

Wir wissen nicht, wie Herrmann Kafka auf seinem Wanderleben mit den Ereignissen dieser Jahre in Berührung gekommen ist. Aber auch ohne dieses genaue Wissen versteht man auf diesem Hintergrund besser die auffällig kalte, über den Interessengegensatz weit hinausgehende feindliche Haltung gegenüber Angestellten, Arbeitern und Lohnabhängigen, die ja nicht nur für Herrmann Kafka verbürgt ist, sondern auch für viele andere jüdische Familien[41]. Der Schauder vor dem »Pöbel« ist ein Stereotyp der jüdischen Gesellschaft bis ins 20. Jahrhundert hinein. *Du nanntest die Angestellten »bezahlte Feinde«, das waren sie auch, aber noch ehe sie es geworden waren, schienst du mir ihr »zahlender Feind« zu sein (*H 186). Noch in den späten Ottla-Briefen ist in ironisierenden Wendungen zwischen den Zeilen von dem offenbaren Ekel die Rede, den der alte Herrmann Kafka vor dem »Volk« empfand. Die Unterschichten, das war der schwankende Boden, die Bedrohung der Existenz schlechthin, und es mußte für die böhmischen Juden wie ein Signal wirken, daß am Ende der sechziger Jahre jene Partei, die sich als einzige der Arbeiterschaft annahm, die Jungtschechen, mit einem dezidiert antisemitischen Konzept herausrückte. Zwar nicht im offiziellen Parteiprogramm, aber unmißverständlich genug durch die Person ihres bedeutendsten publizistischen Kopfes, des sozialistisch fühlenden Kulturpapstes Jan Neruda, bekannte sich das Jungtschechentum als erste Partei Österreichs zum gleichzeitig erwachenden modernen, wissenschaftlich verbrämten Antisemitismus Deutschlands. Im Sommer 1870 warfen die Jungtschechen aus Anlaß einer Wahlniederlage eine belehrende Massenbroschüre auf den Markt, der Neruda den Titel »Die Angst vor dem Judentum«[42] gegeben hatte. In Nerudas Pamphlet wurde ein tschechischer Antisemitismus ausdrücklich in den internationalen Rahmen gestellt und die Ausschließung der Juden durch ihre Gastvölker zum notwendigen geschichtlichen Prozeß erklärt; die traditionsreiche alltägliche Judenfeindschaft erhielt damit gleichsam eine geschichtsphilosophische Weihe. Die Juden waren bei Neruda die »Macht aller Mächte«, ein verschworener Clan, der vermittels synchroner Machenschaften zur Herrschaft über alle Völker strebte; das deutsche Bürgertum Österreichs war nur eine Marionette des Judentums. Der Kampf des Wiener Großkapitals gegen die Tschechen — ein populäres Mißverständnis — war ihr Werk, ebenso der Untergang des Kleinbauerntums und die Ausbeutung der »nationalen Arbeitskraft«; sie blieben den Tschechen das *fremdeste Volk* schlechthin, ihre Ausbeutungspraxis war gleichzeitig Lohnraub und nationaler Diebstahl.

Dies alles aber ist nur ein Teil des politischen Hintergrundes, auf dem man sich die Jugend Herrmann Kafkas vorzustellen hat. Denn die politische Situation der Juden wurde noch dadurch kompliziert, daß in den Zeiten der Wahlkämpfe auch versöhnliche Stimmen aus dem tschechischen Lager kamen. Insbesondere das konservative Alttschechentum appellierte an die »böhmischen« Instinkte der Juden auf dem flachen Land, mahnte zur Versöhnung mit der tschechischen Politik, pries die ungarischen Juden, die sich magyarisiert hatten und nicht schlecht damit gefahren waren. Freilich, am Ende konnte damit nur lokaler Friede hier und dort erreicht werden. Denn für das Kernproblem der Juden, die Sicherung einer legitimen national-utraquistischen Existenz, welche Voraussetzung war für eine Binnenwanderung, die ökonomischen Gesetzmäßigkeiten folgte und darum auf Sprachgrenzen keine Rücksicht nehmen konnte, wollte die tschechische Politik keine Antwort finden; sie bedurfte des larmoyant beklagten *Pfahls im Fleisch,* der Projektion des zersetzenden Feindes, und nichts kam ihr gerufener als jene Entgleisungen deutschtümelnder Juden, die von den jüdischen Siedlungen in der Diaspora als den *Vorposten des Deutschtums*[43] schwärmten. Und nichts eignete sich besser hierzu als der Zeigefinger auf das historisch überkommene, ökonomisch sinnvolle deutsche Privatschulwesen der Juden (in das ja auch viele Tschechen ihre Kinder schickten!), die deutsche Familiensprache der Juden im tschechischen Sprachgebiet, die deutsche Hochschulbildung der aufsteigenden jüdischen Generationen. 1872 verließ sogar der grand old man des tschechischen Nationalismus, der Schöpfer der nationalen Ideologie, František Palacký, den Rahmen staatsmännischer Zurückhaltung und rechnete in seinem »Politischen Vermächtnis« an die Tschechen mit dem angeblichen *Raubtiertrieb der jüdischen Rasse* ab, sprach vom unüberbrückbaren Gegensatz zwischen der historisch-staatsrechtlichen Idee der Tschechen und den politischen Zielen der Juden, die er als *Gelüste und Prätensionen* bezeichnete[44]. Für das jüdische Bürgertum klangen diese Passagen wie eine nachträgliche Bestätigung des alten Verdachtes, die Tschechen hielten es nicht so genau mit den Prinzipien des modernen Rechtsstaates.

Die Konjunkturen der Wahlkämpfe bestimmten das politische Klima um die böhmischen Juden; taktische Judenfeindschaft hier, taktisches Werben um jüdische Wahlhilfe dort blieben gleichsam Bälle, mit denen nach den Bedürfnissen der aktuellen Tagespolitik jongliert wurde. Am Ende ohne Erfolg zunächst; zumal in den siebziger Jahren der tschechische Nationalismus durch den erbitterten politischen Kampf zwischen Alt- und Jungtschechen gelähmt war, *wodurch die sonst beliebten, mit vereinten Kräften geförderten Judenhetzen in den Zeitungen dem gegenseitigen Beschimpfen der Alt- und Jungtschechen Platz machen mußten . . .*[45], wie der Chronist des jüdischen Kalenders für Böhmen 1875 befriedigt feststellte.

Echte Erfolge zeitigte der mit Zuckerbrot und Peitsche ausgeübte Druck erst seit der großen Wirtschaftskrise der siebziger Jahre, die von dem Wiener Börsenkrach des Jahres 1873 ihren Ausgang nahm und als »Große Depression« bis tief in die neunziger Jahre hinein andauerte. Der österreichische Liberalismus, die politische Herrschaft des deutschen Großbürgertums, wurde durch die Krise zuerst in der materiellen Basis, dann auch politisch-weltanschaulich tief erschüttert und verlor 1879 die parlamentarische Führung in Österreich. Für die mit dem Liberalismus so eng verbundenen Juden bedeutete die Tendenzwende nach 1873, daß sie auf lange Sicht zwischen zwei Feuer gerieten. Denn die antikapitalistisch-antisemitischen Slogans — aus der

Polemik des tschechischen Nationalismus längst vertraut — gediehen nun auch im neuen politischen Klima Wiens, später auch der deutschböhmischen Gebiete, und es dauerte kaum bis zum Beginn der achtziger Jahre, daß sich die Diskussion über die »jüdische Frage« auch innerhalb des deutschen bürgerlichen Lagers entzündete, wo man sich früher über die traditionelle Judenfeindschaft der Tschechen als besonders markanten Beweis für deren kultur- und zukunftslose Tendenzen mokiert hatte.

Mit dem Beginn der achtziger Jahre, in denen auch Franz Kafkas Leben beginnt, ist in Österreich das Tor aufgetan für das große ideologische und politische Nebelfeld; es beginnt eine Epoche der Angst und Unsicherheit. Schließung der lokalen Märkte, Aufhebung der freien Konkurrenz, Zementierung der durch die große Krise ins Rutschen gekommenen Gesellschaftsschichtung, sozialrevolutionäre Tendenzen: das sind die Triebkräfte, die das Geschehen auf dem ideologischen und politischen Markt Österreichs antreiben.

III
Aus dem jüdischen Mittelstand der antisemitischen Epoche 1883–1924

Kafkas Geburtsjahr 1883 ist besonders signifikant für die große antiliberale Tendenzwende in Österreich: Höhepunkt der Wirtschaftskrise, Massenelend allerorten, die bürgerliche Gesellschaft — d. h. in Österreich: eine vorwiegend deutsche, deutsch-jüdische bürgerliche Gesellschaft — beunruhigt durch anarchistische Akte, eine drohende sozialrevolutionäre Welle[1]. *In allen Bourgeoisfamilien ... ängstliche Gesichter,* hatte der Sozialist Karl Kautsky im November 1882 aus Wien an Friedrich Engels in London berichtet, und: *In diesem verfluchten Lande ... Gärungsstoffe überall ...*[2] An der Regierung stand das unschlüssige konservative Kabinett Taaffe, das seine politischen Fühler nach allen Seiten ausstreckte, um Unterstützung zu finden im Kampf mit dem politisch entthronten, aber publizistisch hartnäckig opponierenden deutschen Liberalismus. Dazu kamen Nachrichten über eine judenfeindliche Welle in Deutschland, wo *die Judenfrage aufregend und verhetzend das Katheder und die Kanzel bestieg*[3], über schauerliche Pogrome in Südrußland, initiiert von einer Regierung, die glaubte *auf dem Rücken der Juden den Nihilismus tot zu schlagen*[4], aus Ungarn, wo sich eine antisemitische Partei zu formieren versuchte.

War es da nicht bedrohlich, wenn die Wiener »Tribüne«, Sprachrohr der tschechischen Politik in der Reichshauptstadt und (dank staatlicher Subventionierung) offen regierungstreues Blatt, über die Ausbreitung der antisemitischen Bewegung in Ungarn schrieb, es *dürfte denn doch nicht gut angehen, eine so ausgedehnte Bewegung nur auf den Neid, die »Raublust« etc. der Christen zurückzuführen und man sollte daher es doch der Untersuchung wert finden, ob nicht die Schuld auf der anderen Seite liegt, und demgemäß für Cautelen in der Gesetzgebung ... vorsorgen*[5]. Über diese Schuld der *anderen Seite* wurde nun in Wien angeregt diskutiert. Denn seit einem Jahr erlebte sich das Kleinbürgertum nicht mehr nur als Opfer der Krise, sondern als neues politisches Subjekt: die Wahlrechtsreform der Regierung Taaffe hatte im Oktober 1882 die politische Mündigkeit auf die untere Mittelschicht ausgedehnt. Im Winter 1882/83 war mit einem Schlag der »Österreichische Reformverein« ans Licht getreten, hatte in riesigen Massenversammlungen und Kundgebungen die soziale Angst des Kleinbürgertums zu bündeln verstanden. Der Antisemitismus als Katalysator sozial unterlegener Gruppen begann seine Effizienz zu zeigen. Der demokratische Anstrich des Antisemitismus war auch das Öl, welches das politische Feuer schürte.

Wer speziell die Erfahrung machen will, wie sich diese »liberale« Clique bei Anwendung der Waffengewalt benimmt, wenn das Volk ihre Interessen kreuzt, der warte nur eine antisemitische Bewegung ab und lasse das Volk die Schranken des Gesetzes gegen das Judentum passieren, wir werden sehen, wie die ganze Cohorte, die »Neue Freie Presse« an der Spitze, Polizei und Militär zur Anwendung der Waffengewalt animieren werden. Kein Polizeikomissär wird ihnen genug energisch, kein Militärkommandant ganz pflichttreu sein, wenn er nicht sofort den »Straßenpöbel« kalt stellt. Die Polizeiwache wird nicht genug dreinhauen, die Ulanen werden nicht genug zusammentreten, die Infanterie nicht genug zusammenschießen können, wenn die Steine ... sich gegen die Semiten kehren[6].

Das ideologische Konglomerat der neuen politischen Bewegung in der Reichshauptstadt kann an den Slogans einer Massenversammlung des Wiener Gewerbestandes am 15. 12. 1882 abgelesen werden: *Es gibt in Österreich keine Nationalitätenhetze, sobald die Judenfrage gelöst ist! Kauft nur bei Christen. Die Emanzipation muß rückgängig gemacht werden*[7]. Die Quintessenz der Reden war der Ausblick auf ein österreichisches Utopia: der Antisemitismus werde Völker und Stände vereinigen, denn vom Fürsten bis zum Arbeiter seien alle sozialen Gruppen in der Bewegung vertreten. Ihre höhere ideologische Weihe aber erhielt die neue Bewegung erst durch die 1883 zum ersten Mal in modernem Gewand auftretende Ritualmordpropaganda. Worum handelte es sich? Die Hysterie nahm ihren Ausgang von einem abstrusen Prozeß im ungarischen Städtchen Tisza-Eszlár, wo man die Juden beschuldigte, ein Christenmädchen aus religiösen Gründen geschlachtet zu haben[8], ein Fall, der zum seriösen Gesprächsstoff gemacht wurde durch das Auftreten eines Theologieprofessors an der Prager Universität. Was dieser Professor Rohling aus dem Talmud herausgelesen haben wollte und nun in eidesstattlichen Gutachten und Broschüren verbreitete, klang erstaunlich genug: Rohling verkündete im November 1882, *daß der Jude von Religions wegen befugt ist, alle Nichtjuden auf jede Weise auszubeuten, sie physisch und moralisch zu vernichten, Leben, Ehre und Eigentum derselben zu verderben, offen und mit Gewalt, wie heimlich und meuchlings; das darf, ja soll, wenn er kann, der Jude von Religions wegen befolgen. Angesichts dieser Tatsachen haben wir gewiß das Recht, eine gesetzliche Regelung der Judenfrage zu verlangen*[9].

Es war für Österreich, wo die Juden als kapitalistisches Ferment eine so bedeutende Rolle gespielt hatten, eine schlagartige Erklärung der Wirtschaftskrise, es bedeutete für die kleinbürgerliche Gewerbebewegung, daß ihrem Kampf gegen den »jüdischen« Kapitalismus die Weihe eines nur in geschichtstheologischen Formeln faßbaren ewigen Kampfes des Guten gegen das Böse zukam. Rohlings Buch »Der Talmudjude«, seine Hetzschriften erlebten Massenauflagen, dienten als ideologische Nahrung der kleinbürgerlichen Massenbewegung Wiens, in deren Zentrum in diesem Jahr 1883 zwei Männer ihre politische Karriere begannen, die später zu den geistigen Ahnherren des Nationalsozialismus gehören sollten: der völkische Rassist Schönerer und der christlichsoziale Antisemit Lueger. Schönerer formte mit seinem Rassenantisemitismus ein griffiges Instrument zur Politisierung der Konkurrenzangst im akademischen Bürgertum. Mit dem Spott der jüdischen Intelligenz über rassistische Theoreme war es nun aus. Während der Hochblüte der liberalen Ideologie hatte der Wiener Emanzipationspublizist Simon Szanto in einem jüdischen Kalender noch über die wissenschaftliche Judenriecherei gespottet:

Naturforscher erwitterten den Nationalcharakter aus dem Geruche, Juristen aus Mützen und Röcken, Philologen fanden aus Sprachschnitzern und Wortverrenkungen den Menschen heraus. In den neuesten Zeiten hat man den jüdischen Fuß wie Tierklauen studiert, und mittels vergleichender Anatomie hat ein deutscher Gelehrter ganz glücklich den zuverlässigen Maßstab für den jüdischen Geist aus Ferse und Sohle herausgefunden. Ein geistreicher Philosoph hat vor wenigen Wochen noch die Entdeckung gemacht, daß die Nationalität aus den Hüften der Frauen und der Art, wie die Männer ihre Hüte tragen, ganz gründlich erkannt werden könne, und ist ihm auch die Folgerung gelungen, daß an eine Emanzipation der Juden nicht zu denken sei, bis ihre Frauen andere Hüften bekommen . . .[10].

Jetzt aber hatte der Rassengedanke im akademischen Leben der Reichshauptstadt Fuß gefaßt. 1883 bereits verließ der Student Theodor Herzl seine Studentenverbindung, weil sie an einer judenfeindlichen Demonstration teilgenommen hatte.

Und Böhmen? Noch am Ende des Jahres 1882 hatten sich die Sprecher der böhmischen Juden in Sicherheit gewiegt, hatten geglaubt, es habe *sich unser engeres Vaterland Böhmen diesen bösen mittelalterlichen Nachtfalter vom Leibe gehalten . . .*[11]. Doch im Februar 1883 gab es eine Geheimkonferenz zwischen den Führern der ungarischen Antisemiten und der jungtschechischen Parteileitung, wobei man sich darüber einigte, *daß die Jungtschechen die wahren und wirklichen Träger tschechischer Gesinnungstüchtigkeit sind, daher sich an dem Kreuzzuge gegen das alle Völker bedrohende moderne Judentum beteiligen sollen*[12].

Zwischen der kleinbürgerlichen Massenbewegung Wiens und der politischen Szene Böhmens vermittelte eine der dunkelsten Figuren des tschechischen Nationalismus, der Verleger Skrejšovský, einst einer der Führer der Jungtschechen. Von ihm gelenkt gab es seit Beginn des Jahres 1883 einen Massenausstoß von antisemitischer Trivialliteratur in deutscher und tschechischer Sprache[13]. Sie traf auch hier auf günstigen Boden. Verwundert es angesichts der sozialen Gärung in Österreich? Lag nicht der Gedanke nahe, *daß man die soziale Bewegung ableiten könne wider die besitzenden Juden und dadurch ungefährlich machen für die herrschenden Stände*[14]? Die politische Meinungsforschung förderte in Prag in diesem Jahr 1883 dies zutage:

Laut vertraulicher Mitteilung wird in Gasthäusern niederer Sorte in den letzten Tagen von Kleingewerbetreibenden und Arbeitern viel von der Judenhetze in Rußland und Galizien gesprochen und diese Hetze gutgeheißen, ja sogar der Wunsch beigefügt, es möge auch hierorts gegen die Juden losgehen, weil sie das Kleingewerbe und die Arbeit schädigen. Die Inspiration kommt nicht aus Sozialisten-, sondern aus nationalen Kreisen. Oder: *Es soll die Gärung bereits soweit fortgeschritten sein, daß auf einen gegebenen Wink das aktive Vorgehen der Arbeiterklassen gegen die israelitischen Fabriksherren zu besorgen steht.*

Das ganze Frühjahr 1883 über wurden in Prag antisemitische Zettel und Drohbriefe in deutscher und tschechischer Sprache verstreut, auf denen man etwa folgendes lesen konnte: *Herr im Himmel ists ein Leben / dort tuts keine Juden geben / Aber dafür hier auf Erden / Tun sie immer mehre werden / Alle die ihr brav und bieder / nehmt den Stock und schlagt sie nieder / Denn nur dann wirds Heil erstehen / wenns wird keine Juden geben*[15].

Die antisemitische Welle, die dann im Sommer 1883 Böhmen überspülte, wurde von der tschechischen Parteipolitik virtuos ausgenützt: durch eine elegante Doppelstrategie zwischen Versöhnlichkeit in den offiziösen Verlautbarungen der bürgerlichen tschechischen Honoratioren-Parteien, der »Alttschechen« und eine von den jungtschechischen

Parteizentralen unterirdisch betriebene Hetz- und Angstkampagne mit judenfeindlichem Material gelang es, das stimmberechtigte böhmische Judentum in den Landtagswahlen des Jahres 1883 auf die tschechische Seite zu ziehen. Im Sommer 1883 endete die Herrschaft des deutschen Liberalismus, wie vier Jahre zuvor in Wien, so nun im böhmischen Landtag; die Epoche eines »deutschen Böhmen« war endgültig zu Ende gegangen[16].

Wie fasziniert die bürgerliche Politik von der Schubkraft der antisemitischen Bewegung war, geht aus dem erstaunlichen Faktum hervor, daß noch im Herbst des Jahres 1883 wiederum zwischen ungarischen, tschechischen und hinzugezogenen Wiener Politikern ernsthaft über eine *Aussöhnung der Völker auf dem Boden des Antisemitismus*[17] verhandelt wurde. Aufmerksamen Beobachtern konnte das grundsätzliche Neue, Bedrohliche der Entwicklung nicht entgehen: die grenzüberschreitende Fähigkeit der Bewegung, ihre Fähigkeit, sich vom *Mittel* der Politik, vom Kettenhund zu einer eigenständigen politischen Bewegung zu emanzipieren. Auch der erste »Antisemitenkongreß« im Böhmen benachbarten Sachsen, in Chemnitz, deklarierte sich im Sommer 1883 ausdrücklich zur *internationalen* Veranstaltung und streckte seine Fühler ins deutsch-böhmische Gebiet herüber.

Der Wahn war kurz, klagten jüdische Politiker, *in Tisza-Eszlár ist er zerstoben wie Nebel vor dem Winde. Man kann vernünftige Bewegungen mit Vernunft beherrschen, aber bösen Instinkten gegenüber ist man machtlos; sie verbreiten sich wie Epidemien und spotten jeder Quarantäne. Zwanzig Jahre politischer Arbeit hat jener Tag zunichte gemacht, an welchem Esther Solymossy verschwand . . .*[18].

Auch der in nuce totalitäre, die Freiheit der Gesamtgesellschaft bedrohende Aspekt der neuartigen politischen Szene ist früh erkannt worden:

Sie geben sich einen Namen: Antisemiten, sie predigen das rohe Gebot von der Rechtsverschiedenheit der Racen, sie erheben die brutale Gewalt zu einem Faktor im modernen Staate. Und die Juden sind das Versuchsobjekt für die neue Lehre. Aber was liegt am Ende an den Juden? Ginge es nur darum, diese mit Gewalt niederzukämpfen, so wäre der Antisemitismus eine schamlose Feigheit, der Riese stünde wider den Zwerg. Doch es geht um etwas Anderes. Was man den Juden nehmen kann, obwohl es ihnen in den Verfassungen verbürgt ist, die persönliche Sicherheit, den gleichen Anspruch auf Pflicht und Recht im Staate, das nimmt man gelegentlich auch den übrigen, denen es ja ebenfalls nur durch die Verfassung verbürgt ist[19].

Freilich, solche Skrupel waren der tschechischen Parteipolitik im Augenblick ganz fern. Man feierte die Tatsache, daß durch das Überschwenken der Juden der letzte deutsche Wahlbezirk Prag tschechisch-national votiert hatte, feierte von nun an das Umschwenken der Juden — wie es in der Sprachstatistik aufschien — als Beweis weniger für die freundlichen Gefühle der Juden als für die Macht des tschechischen Nationalismus. Denn nun, seit 1880, gab die neu eingeführte Statistik der Umgangssprache der politischen Öffentlichkeit ein Instrument in die Hand, das »nationale Bekenntnis« des Individuums, seine politische Identifizierung weit präziser haftbar zu machen, als das in den Wahlkämpfen möglich gewesen war. Von nun an begann das Bespitzeln der Nachbarn, ob hinter den Türen der jüdischen Familien auch jene Sprache gesprochen werde, die in die amtliche Liste eingetragen war; von nun an begannen die Juden im tschechischen Landesteil, sich die deutschen Zeitungen, die sie des Börsenteils wegen brauchten, in verschlossenen Umschlägen zusenden zu lassen. Die Folge all dessen für die Juden war eine noch weitere Einschränkung ihres »utraquistischen« Spielraumes. 1880 bekannte sich ein Drittel der böhmischen Juden zur tschechischen Umgangssprache, 1900 waren es bereits über fünfzig Prozent. Zwischen 1890 und 1900 wechselten über viertausend Juden in der Prager Innenstadt ihr nationales Bekenntnis; während in Prag 1890 noch 74 % der Juden sich zur deutschen Umgangssprache bekannt hatten, waren es 1900 nur noch 45 %[20].

Gleichwohl beleuchten die Zahlen mehr die Machtverhältnisse im Lande als die tatsächliche nationale Identifikation der Juden, denn ein Vergleich mit der Statistik der Schulen und Universitäten zeigt, daß nur ein verschwindender Bruchteil die tschechischsprachigen Institute besuchte. 1900 sandten immer noch 90 % aller Juden ihre Kinder auf deutsche Schulen. Von 28 152 Wiener Juden, die im Jahr 1900 Böhmen als Herkunft angaben, bekannten sich nur 73 (!) zum Tschechischen als Muttersprache, obwohl zweifellos Tausende von ihnen aus rein tschechischen Landesteilen stammten[21]. Die Zweigleisigkeit galt selbst für die wenigen Familien, die sich aktiv in der tschecho-jüdischen Bewegung engagierten, die zu dieser Zeit erstmals schüchtern in die Öffentlichkeit trat. Zu ihr gehörte Herrmann Kafka, der in den achtziger Jahren im Vorstand der Heinrichssynagoge wirkte, der ersten, in der tschechische Gottesdienste abgehalten wurden. Welche Motive Herrmann Kafka für sein demonstratives Tschechojudentum zu dieser Zeit haben mochte, ob er *in einer gewissen, nicht eben ausgeprägten Weise mit den tschechischen Kampfparteien*[22] sympathisierte, wie es Brod ziemlich vage annahm, ob sein Instinkt ihm riet, sich als Neuling (er war 1882 nach Prag gekommen) der frischen Konjunktur tschechischen Siegesbewußtseins anzuhängen, eines ist jedenfalls sicher: die Tschechisierung der böhmischen Juden stand in direkter Beziehung zum ökonomischen Status derselben, je ärmer sie waren, desto eher neigten sie zur Deklarierung der tschechischen Umgangssprache, je mehr sie wirtschaftlich arrivierten, desto mehr konnten sie sich vom sozialen Druck der Umwelt emanzipieren und wieder für die deutsche Umgangssprache votieren. Aber auch wenn sie das nicht taten und sich weiterhin sicherheitshalber als »Tschechen« deklarierten, wie Herrmann Kafka, so schien ihnen der deutsche Bildungsweg für die nächste Generation letztlich weniger riskant als eine völlige Tschechisierung. Also bezog Franz Kafka 1889 die Prager deutsche Knabenvolksschule am Fleischmarkt.

Der argwöhnischen tschechischen Öffentlichkeit blieben diese Widersprüche natürlich nicht unbekannt, sie gaben zu immer neuen Verdäch-

tigungen der nationalen Proselyten Anlaß. So startete die tschechojüdische Bewegung unter fatalen Voraussetzungen: sie konnte das, was die Tschechen eigentlich an der jüdischen Position befeindeten, Kapital, wirtschaftlichen Einfluß, industrielle Macht, Publizistik nicht ins tschechische Lager mitbringen und versuchte sich ihren Einstand deshalb durch ein Übersoll an marktschreierischem Chauvinismus zu verdienen, der sich naturgemäß zunächst gegen die »deutschen« Juden wandte. Die rasche, unter fragwürdigen Methoden erreichte Schließung fast aller deutsch-jüdischen Privatschulen im tschechischsprachigen Landesteil war ihre Morgengabe[23].
Mitte der achtziger Jahre konstituierte sich eine parteiähnliche Organisation der Tschechojuden, die sich dem einzigen Ziel verschrieb, »ihre« Juden als loyale Tschechen der »wahren« Nation gegenüber auszuweisen. 1891, nachdem in einem politischen Erdrutsch die Jungtschechen einen spektakulären Wahlsieg errungen hatten, begann eine Masseneintrittswelle von Juden in die Vereinigung[24]. Aber sie war weniger von einem plötzlich erwachten Vertrauen in ein (unwahrscheinliches) Umdenken der Jungtschechen in der jüdischen Frage begründet, als in dem verzweifelten Wunsch nach sozialer und nationaler Rückversicherung beim neuen politischen Herrn des Landes. Trotzdem gingen die Hoffnungen der jungtschechischen Juden nicht in Erfüllung. Wenn die Parteisprecher der Tschechen den Juden gegenüber immer wieder pharisäisch deklamierten, in Deutschland herrsche Rassenhaß, in Böhmen hingegen *bekämpfe man den politischen Gegner, sobald die Juden diese Bahn verließen, höre auch die Gegnerschaft auf*[25], so war dies eine simple Spekulation auf den »Willen zum Glück« auf Seiten der Tschechojuden. Diese wiederum behalfen sich — um die absurde Lage, in der sie sich befanden, ideologisch zu rechtfertigen — mit einer Hilfskonstruktion, indem sie den Antisemitismus als eine Krankheit beschrieben, die vom ursprünglichen Krankheitsherd, dem deutschen Chauvinismus, auf das im Kern reine, tolerante, progressive tschechische Volk übergegangen sei. Schwer zu sagen, wie weit solche Selbsttäuschungen vorhielten, deren Konjunktur man sich ja überhaupt nur durch die Verdrängung der allerjüngsten Vergangenheit der Be-

ziehungen zwischen Tschechen und Juden durch die Generation der um 1890 ins politische Lager Eintretenden erklären kann. Die Wirklichkeit signalisierte deutlich genug das Vergebliche der Selbsttäuschung. Die Integration der Juden in die jungtschechische Parteipolitik kam kaum voran, deutlicher noch: die Anstellung von Juden bei den autonomen nationalen Institutionen im Lande, bei Sparkassen, Kommunalbehörden usw. blieb fast ausgeschlossen[26]. Vor allem aber war der rechte Flügel der jungtschechischen Partei von notorischen Antisemiten besetzt, die zum Wiener Antisemitismus der christlichsozialen Massenpartei vorzügliche Verbindungen besaßen. 1891, anläßlich der Böhmischen Landesausstellung, gab es, organisiert von den jungtschechischen Antisemiten Baxa, Vašatý und Březnovský bereits einen kaum verhüllten offiziellen Verbrüderungsbesuch des Wiener Antisemiten Schneider, jenes Schneider, der in der ganzen Monarchie berühmt und berüchtigt war wegen seiner Forderung nach einem *Schußgeld für Juden*[27].

Etwas später und strukturell anders begann der politische Antisemitismus in den deutschböhmischen Industriegebieten. Das lag einmal daran, daß die Sozialdemokratie sehr früh erkannte, welch gefährlichen Konkurrenten der politische Antisemitismus wegen seiner anarchischen und pseudodemokratischen Komponente darstellte und darum sehr zielstrebig eine Immunisierung der Arbeiterschaft betrieb[28]. Der völkische Rassismus der Schönerer-Bewegung faßte erst nach vielen Werbereisen Schönerers und seiner studentischen Anhängerschaft Fuß, da sich das im Vergleich zu den Tschechen viel weniger selbstbewußte deutschböhmische Kleinbürgertum nur langsam aus dem Schlepptau der liberalen Honoratiorenpolitik lösen konnte. Aber als die Saat einmal gekeimt hatte, schlugen ihre Wurzeln um so tiefer. Westböhmen stand seit den neunziger Jahren an der Spitze des Deutschradikalismus; eine erstaunlich hohe Zahl der Spitzenkräfte des österreichischen Alldeutschtums kam aus dem Egerland[29]. Später rückte das ostböhmische Trautenau mit dem demagogischen Talent Karl Hermann Wolf nach, der sich immer wieder lauthals rühmte, trotz seiner alldeutschen Politik von vielen Tschechen gewählt zu werden, da seine radikale

Judenfeindschaft ihm deren Sympathie zutrage. Stetig wuchs die Anhängerschaft; in den neunziger Jahren florierte bereits allenthalben die völkische Sprachregelung der Unmenschlichkeit, die trübe Witzelei über das *Daitschtum* der Juden, über *Stammesgenossen mosaischer Kohnfession* (sic) usw.; in Westböhmen fabrizierten antisemitische Witzbolde in den 80er Jahren Faksimiles der österreichischen Eisenbahnfahrkarten, auf denen den Juden *freie Fahrt im Viehwaggon nach Palästina, ohne Rückfahrt* offeriert wurde[30].

Nur die gesellschaftlich-politische Struktur des deutschen Prag blieb ein Fossil des alten bürgerlichen Liberalismus; entgegen den Mitteilungen Brods und Eisners vom Innersten des dreifachen Ghettos, nämlich der Isolierung der Juden innerhalb der Deutschen Prags und dem Vorwalten von *unklaren, absichtlich im Verschwommenen gehaltenen Grundsätzen der Rassenreinheit*[31] kann von solch einem Phänomen keine Rede sein. Seit den ersten Regungen des völkischen Antisemitismus unterdrückte die altliberale Führungsschicht des Prager deutschen Großbürgertums konsequent jede leiseste Äußerung von Judenfeindlichkeit in den deutschen Organisationen, dem »Casino«, dem »Deutschen Club« und der »Rede- und Lesehalle deutscher Studenten«, und es gelang dem deutschen Establishment tatsächlich bis 1914, einen gesellschaftlichen cordon sanitaire rund um die völkischen Studenten an der Universität zu ziehen, die aus der deutschböhmischen Provinz nach Prag strömten; erst recht gelang es bei den völkischen outcasts, dem verschwindend kleinen Rest eines deutschsprachigen Kleinbürgertums in Prag. Die von 1883 bis 1914 ständig steigende aktive Beteiligung jüdischer Bürger am öffentlichen deutschen Leben Prags ist ein deutlicher Beweis dafür, daß die Juden — freilich nur soweit sie genug ökonomisch arriviert waren — keinerlei besondere Schwelle zu überschreiten hatten, um ins deutsche Establishment aufgenommen zu werden[32]. Gleichwohl konnte man sich an den Fingern abzählen, daß diese besondere Prager Situation innerhalb des »deutschen Österreich« ein Unikum war. Am Beispiel der alldeutschen Studenten der Universität war die Streukraft der Judenfeindschaft unschwer abzusehen:

In wenigen Jahren werden sich aber aus diesen Studenten Lehrer, Professoren, Beamte, Journalisten, Ärzte, Advokaten etc. entwickeln, also Leute, die in ihrem Volke ein bedeutendes Ansehen genießen, . . . werden sie die angesammelten Ideen . . . der Jugend vererben; dann erst wird der Antisemitismus in alle Gauen und Schichten eindringen, dann wird er seinen Höhepunkt erreicht haben, der vielleicht zum Ausgangspunkt einer Reaktion in die Ghettozeit zurück werden könnte![33]

Seit 1891 war der völkische Antisemitismus auch mit einem Presseorgan in Prag vertreten; der Turnlehrer Anton Kießlich gab den demokratischen, antikapitalistischen »Deutschen Volksboten« heraus und forderte gleich in der ersten Nummer eine *Ausnahmegesetzgebung gegen die Juden, etwa nach russischem Muster*[34]. Seine Leser fand der »Volksbote« in dem marginalen Rest deutschsprachiger Unterschichten, der in Prag den Sog der — sozialer Schichtung ziemlich genau folgende — Tschechisierung seit der Jahrhundertmitte überstanden hatte.

Die politische Elite der Deutschböhmen, die liberale Partei, versagte außerhalb Prags gegenüber der Schattenseite der Demokratisierung. Seit 1883, seit dem (wie es die deutschen Parteiführer nannten) »Verrat« eines Teiles der böhmischen Juden am Deutschliberalismus schwand die Bereitschaft, sich eindeutig für die Juden zu engagieren. Seit dem gleichen Jahr sah sich der deutsche Liberalismus in derselben Situation, in der die tschechischen Parteien wegen der andersartigen Sozialstruktur sich seit der Jahrhundertmitte befunden hatte: er wurde abhängig von einer kleinbürgerlichen Massenbasis. Denn die Wahlrechtsreform des Jahres 1882 bedeutete den Eintritt großer, bisher politisch unmündiger Wählermassen in die Politik; die spektakulären Erfolge des Wiener Antisemitismus ließen erkennen, wohin die Reise ging. Und als sich Mitte der achtziger Jahre auch noch die Sozialdemokratie als neue, starke Kraft meldete, war für den bürgerlichen Liberalismus die Alternative klar: um nicht zwischen kleinbürgerlichem Radikalismus und Sozialrevolution zerrieben zu werden, hieß es, das

Engagement für die nun lästigen politischen Partner tunlichst klein zu halten. Von den achtziger Jahren bis zum ersten Weltkrieg war die Politik des deutschen Liberalismus denn auch eine Kette peinlicher Kapitulationen gegenüber dem Antisemitismus. Die beschönigenden Formeln für dieses Abrücken von den eigenen politischen Wurzeln hörten sich in den liberalen Wahlreden so an:

Auch unter uns, die wir hier versammelt sind, ob Christ oder Jude, wird es kaum jemanden geben, der nicht schon einmal in seinem Leben in mehr oder minder kräftiger Weise seinem Unmute Luft gemacht hätte gegen diesen oder gegen jenen Juden. Es ist ja wahr, im Judentum tritt die Gier und Sucht nach Geld und Einfluß, der Wechsel der Gesinnung je nach dem Domizil ... viel häufiger zu Tage als bei den anderen Stämmen, die unseren Staat bewohnen, es schickt so manches schmutzige Gesindel in Börsensäle, zu Gründertischen, in Zeitungsstuben, das aus dem Verluste anderer Gewinn erzielt. Mit vollem Recht herrscht darüber in der Bevölkerung Verbitterung. Sollen wir aus dieser Erbitterung auch Kapital, politisches Kapital schlagen, sollen wir, weil die einen verwerflich schlecht, die anderen von uns abstoßen? ... Sind wir Deutsche in Österreich, in den sprachlich gemischten Ländern zumal, denn gar so sicher gebettet, daß wir uns den Luxus erlauben dürfen, Ahnenproben ... anzustellen?

Fragwürdige Unterscheidungen zwischen guten und schlechten Juden, schamlose Offenbarung des Nützlichkeitsstandpunktes, beleidigende Angebote einer getrennt privaten und politischen Moral: *Nein, im privaten Verkehr mag jeder nach seinem Geschmacke umgehen, mit wem er will, für denjenigen aber, der berufen ist zur Mitwirkung an der Gesetzgebung ... dürfen Anti- und Sympathien nicht ausschlaggebend sein*[35].

Die jüdische Klientel des Liberalismus nahm alles hin, praktizierte ein schier unverständliches Talent zur Selbstverleugnung, Selbsttäuschung, zum »falschen Bewußtsein«. Noch lange, nachdem die Anhänger des rassistischen »Führers« Schönerer schon über die *Urgermanen Löwy Spitz und Kohn* witzelten (das war 1883), noch lange, nachdem man in den chauvinistischen deutschen Turnvereinen bramarbasierte, daß das deutsche Volk die Juden abschütteln müsse, wie Kletten, waren die deutschen Juden Prags und der Sudetenländer die Hauptgeldgeber der deutschen Institutionen nach dem Motto, *wir bleiben Deutsche, denn wir können nicht anders.* Es gab einschneidende Folgen für das Selbstverständnis der Juden; den Haß auf die ärmeren Juden, die sich unter dem Druck der Umwelt tschechisieren mußten und damit die anderen deutschbewußten Juden diskreditierten und in ihrem Deutschtum unglaubwürdig machten; die immer geschlossener werdende jüdische Gesellschaft in den deutschböhmischen Städten, die sich nun ihrerseits Paradechristen holte, um sich deutsch fühlen zu können; die vielen *deutschpolitischen* Vereine, die rein jüdisch waren, wo aber das Wort Jude nicht fallen durfte[36].

Dies alles geschah auf dem Boden einer zunehmend rapiden Binnenwanderung im Gefolge von Industrialisierung und Wirtschaftskrise. 1890 befand sich gut die Hälfte aller Bewohner Böhmens nicht mehr an ihrem Heimatort[37]. Immer bewirkt Mobilität die Zunahme von Unsicherheit, Ängsten, sozialer und politischer Erregung. Wie erst mußte nun hier das politische Klima beschaffen sein, wo Deutsche und Tschechen unter dem Wahn sozialdarwinistischer Theorien gebannt auf die demographischen Veränderungen Böhmens starrten[38], hysterisch nun die kleinsten Veränderungen von Sprachgrenze und Schulstatistik als Schlachten des *stummen Völkerkampfes* mißverstehend, sich gegenseitig den Raub der Muttersprache vorwerfend, wo es nur anging. Die mobilste Gruppe der böhmischen Gesellschaft blieben auch jetzt die Juden. Die Tschechen fanden es schnell heraus, daß viele Juden, die, solange sie im tschechischen Sprachgebiet gelebt hatten, mit den nationalistischen Wölfen geheult hatten, nun als Zuwanderer in die deutschböhmischen Gebiete ihr vorgebliches Tschechentum gar nicht erst auspackten. Aber auch die »liberalen« deutschböhmischen Politiker drohten unverhohlen, die Juden hätten *allen Anlaß zu bedenken, ob sie gut daran tun, eine jahrhundertealte Tradition abzubrechen. Die Meinung, daß sie den Mantel nach dem Winde hängen und sich je nach Vorteil bald auf diese, bald auf jene Seite schlagen könnten, wird sich als irrig erweisen. ... Diejenigen Juden, die es in sprachlicher Beziehung mit den Tschechen halten wollen, müssen darauf gefaßt sein, von den Deutschen auch in jeder anderen Beziehung als Tschechen angesehen zu werden; sie können nicht hoffen, im Besitze derjenigen Verbindungen und Vorteile zu verbleiben, die man ihnen im Vertrauen auf ihre frühere Haltung eingeräumt hatte. Sie haben zu wählen, und die Entscheidung wird durchgreifend und endgültig sein*[39]. So der seriöse Statistiker Rauchberg in seinem vielbeachteten Standardwerk »Der nationale Besitzstand in Böhmen«. Und die stets antikapitalistisch auftretenden völkischen Deutschnationalen denunzierten die Zuwanderer als »Pioniere des Slawentums«, als Handlanger der Tschechisierungsvereine, die angeblich das deutschsprachige Gebiet durch kalten Bevölkerungsschub in die Hand zu bekommen versuchten; dort, wo jüdisches Kapital in der Industrie investiert wurde, zeige es sich, *daß nach kurzem Bestande tschechische oder jüdische Verwalter, anstatt die arbeitsuchende deutsche Bevölkerung zu beschäftigen, nur bestrebt waren, das tschechische Proletariat zu beschäftigen* (1891, völkische Korrespondenz des »Deutschen Volksboten« aus Leitmeritz, wo Kafkas Onkel ein Geschäft betrieb)[40].

Es war dieser Vorwurf: der Kampf gegen eine angeblich planmäßige, auf Lohndruck vermittels billigerer tschechischer Arbeitskräfte beruhender Aushungerung der deutschen Arbeiterschaft Böhmens durch ein tschechisch-jüdisch-kapitalistisches Komplott, der nach 1900 den Anstoß gab zur Gründung verschiedener völkischer Arbeitervereine, die sich als proletarische Fußtruppe des bürgerlichen Antisemitismus zunächst freilich nicht gegen die früher etablierte Sozialdemokratie durchsetzen konnten; immerhin, die Keimzelle zu national-sozialer Parteibildung war gelegt.

Der Chauvinismus der Tschechen und Deutschen in den neunziger Jahren war weit mehr als ein politisches Denksystem. Er war ein von allen als heilig empfundener Religionsersatz, und die Sünden wider die Reinheit des nationalen Bekenntnisses wurden mit den strengsten moralischen Maßstäben gemessen. Es schien so, als projizierte die nichtjüdische Gesellschaft alle ihre Schuldgefühle auf die Juden, die man permanent der nationalen Doppelzüngigkeit, der Lüge, des Verrats bezichtigte. Denn die Phänomene des nationalen Bekenntniswechsels, der Fluktuation des Bewußtseins waren ja bei Tschechen und Deutschen gleichermaßen zu finden; Tschechen schickten ihre Kinder gleichfalls in deutsche Schulen, jährlich germanisierten sich Tausende von Tschechen sowie sie nach Wien zogen, und umgekehrt bot die wachsende tschechische Wirtschaft und Kultur ambitionierten Deutschböhmen verlockende Aufstiegswege. Aber für den Sündenbock dieser kollektiven nationalen Unmoral blieb der verschärfte Zwang zur Maskierung ohne Ende; überall lauerte Argwohn gegen die wahre Identität des zuwandernden oder gesellschaftlich aufsteigenden Juden — am schlimmsten für den, der die Religionsgemeinschaft endgültig verlassen hatte. Auf ihn wartete das Wahndenken des völkischen Rassismus. In Nordböhmen kursierten 1895 Flugblätter mit einem Gedicht, das mit den sozialpsychologisch aufschlußreichen Versen endete: *Doch verkappt und leise schleicht / ES auch blond und ausgebleicht / Darum nur mit Mißtrauen kann man auf den Nächsten schauen / denn es fragt sich unsereiner: / Ist es oder ist es keiner?*[41]

Zwischen 1880 und 1900 wurde der letzte Rest politischer Glaubwürdigkeit des böhmischen Judentums als einer sozialen Einheit im Clinch der chauvinistischen Hetze zerrieben. Es schwand damit auch die Selbstachtung des Kollektivs. 1889 beklagte die Prager jüdische »Gemeindezeitung« die Welle eines *leider traurigen aber wahren Antisemitismus im Innern des Judentums*[42]. 1897 konnte der alldeutsche »Volksbote« des Turnwarts Kießlich stolz von einer deutschradikalen Wahlversammlung berichten: *Selbst von den anwesenden fünf Juden wurden die treffenden Darlegungen des Wesens und Bestrebens des Antisemitismus für richtig anerkannt und nicht angefochten!*[43] Schwer zu sagen, wie viel Anteil daran die Erfahrungen einer alltäglichen, seit etwa 1883 zur Norm gewordenen Praxis symbolischer Gewalttätigkeit hatten. Die Akten der böhmischen Polizeidirektion in Prag füllten sich während der achtziger und neunziger Jahre mit unzähligen Verhandlungsprotokollen über *Gassenexzesse, Wirtshaushetzereien,* Verstreuen von Drohzetteln, Sprengstoffanschlägen (besonders häufig!), Plakaten, Bedrohungen, Pöbeleien, Fenstereinwerfen (das alltägliche, klassische Mittel), *Gassengeschrei,* Mißhandlungen von Juden oder Beschmieren von Häusern. Gerade gegen Ende der neunziger Jahre wäre eine leidliche Synchronisierung jüdischen Auftretens nötiger als je gewesen. Denn die innenpolitische Krise Österreichs spitzte sich zu, und die böhmischen Juden spürten es als erste.

Was geschah? Österreich erlebte eben eine weitere Phase der unvermeidlichen Demokratisierung des Wahlrechts; wieder, wie 1883, waren die bürgerlichen Parteien bedroht. Die jungtschechische Partei hatte in den neunziger Jahren bereits die Abspaltung einer erfolgreichen Agrarpartei hinnehmen müssen. Mit dem 1897 zum ersten Mal — wenngleich noch durch Manipulationen der Stimmgewichtung verzerrten — wirksamen allgemeinen Wahlrecht kam aber die Gefahr auf den bürgerlich-tschechischen Nationalismus zu, die politische Initiative an die ebenso revolutionäre wie pro-österreichisch gesinnte supranationale Sozialdemokratie zu verlieren. Seit 1891 saßen die Jungtschechen im Wiener Parlament; sie hatten Zeit genug gehabt, den christlichsozialen, antisemitischen *Sozialismus des dummen Kerls* in seiner Massenwirksamkeit zu studieren. Dieses Rezept auf Prag anzuwenden, erbot sich der junge, demagogisch talentierte Redakteur der jungtschechischen Parteizeitung »Národní listy«, Václav Klofáč, der in geschickter Strategie, selbst im Hintergrund bleibend, in Frühjahr 1897 eine Reihe chauvinistischer Gruppenbildungen im Kleingewerbe- und Arbeitermilieu Prags zuwegebrachte[44]. Den Kern dieser neuen »nationalsozialen« Arbeiterschaft bildeten die Gewerkschaften der Handschuhmacher; man darf vermuten, daß ihr Großteil aus den Werfelschen Fabriken kam, die zu dieser Zeit mit ihren Werken in Prag und

Tuschkau zu den größten Betrieben der Monarchie gehörten. Wenige Schritte vom Wohnhaus der Kafkas in der Zeltnergasse, vor dem Altstädter Rathaus am Ring, erlebte Prag am 4. 4. 1897 die erste öffentliche Demonstration der neuen Bewegung. Klofáč hielt eine beispiellos hetzerische antisemitische Rede, jungtschechische Politiker gaben das Patronat und sechshundert Arbeiter spendeten frenetischen Beifall.

Das nationalsoziale Programm war eine Neuauflage der alten Stereotypisierung des Deutschen und des Juden als Ausbeuter des tschechischen Volkes; der Weg zur Befreiung war totaler Boykott. Als Zentrale fungierte zunächst der 1897 gegründete Kampfverein »Národní Obrana« [Nationale Verteidigung], dem Klofáč, Baxa und der wüste jungtschechische Antisemit Březnovský führend angehörten[45]. Als die Jungtschechen bei den Parlamentswahlen des Frühjahrs 1897 ausgerechnet Václav Březnovský als Kanditaten für Prag nominierten, kam es zum ersten Bruch der Tschechojuden mit der jungtschechischen Partei. Der ungeheure Affront gegen die Juden Prags, von denen sich immerhin bereits die Hälfte tschechisch deklariert hatte, wirkte kathartisch auf die politische Willensbildung. Im Wahlkampf versuchten sich die Prager Juden ohne Rücksicht auf das nationale Selbstverständnis auf eine taktische Wahlentscheidung für die Sozialdemokratie zu einigen. Die Ausgliederung aus dem bürgerlichen Nationalismus hatte begonnen. Es ist ein bemerkenswertes Zeichen für den Grad der politischen Vereinsamung — die übrigens in den deutschböhmischen Gebieten nicht anders verlief —, daß eine soziologisch so eindeutig bürgerliche Mittelschicht, wie es die Juden um 1900 waren, ihre Fühler nun zu einer im Prinzip sozialrevolutionären Partei ausstreckte, weil diese als letzte österreichische Kraft uneingeschränkt sich zu den Maximen liberaler Rechtsstaatlichkeit bekannte. *Das wirtschaftliche Programm der Sozialdemokratie erörtert man einstweilen nicht,* so umriß 1897 der Organisator der jüdischen Wahlbewegung den Rückzug der Juden auf politische Minimalwünsche, *aber das politische Programm kann jeder Echtliberale unterschreiben und außerdem: die Feinde meiner Feinde sind meine Freunde!*[46] Die jüdische Parteinahme für die Sozialdemokratie führte im Bürgertum von Tschechen und Deutschen sofort zu einem energischen Ruck. Am 17. März 1897 zog der Chef der Jungtschechen Edvard Grégr die Wahlbilanz:

Von den Juden will ich nicht sprechen, nur so viel will ich bemerken, daß es gut ist, daß es so gekommen ist ... und daß in unserem Volke endlich Klarheit herrscht. Ich war nie ein Antisemit, es widerstrebte mir dies vom humanen Gesichtspunkte — allein nach den Erfahrungen der letzten Tage ist von heute an ganz Prag antisemitisch (Vyborně! So ist es! Stürmischer demonstrativer Applaus). Das tschechische Volk wird wissen, wie es mit jenen abzurechnen hat, die ihm alles so vergolten haben![47]

Und in Deutschböhmen rieben sich die Völkischen die Hände: *Viele liberale Christen ... sind nun ... übergegangen; man scheut sich nicht mehr, das Wort »Jud« auch außerhalb der eigenen vier Wände offen auszusprechen*[48]. Der deutschnationale Abgeordnete Bareuther wußte: *Daß die Juden sich zu den Sozialdemokraten hingezogen fühlen, wundert mich nicht. Es imponiert ihnen die Masse, das vaterlandslose, zersetzende Wesen heimelt sie an*[49].

Der Test vom Frühjahr 1897 sollte seine Bedeutung alsbald in größerem Rahmen erweisen. Im Herbst 1897 stürzte die Regierung Badeni in Österreich, die mit den Jungtschechen hatte regieren wollen, am erbitterten, in riesigen, revolutionsartigen Massendemonstrationen vorgetragenen Widerstand der deutschnationalen Kräfte in Wien, in den Alpenländern und in Deutschböhmen. *Ein Sturm nationaler Leidenschaft, wie ihn Deutschböhmen bis dahin nicht gekannt hatte, brauste durch das Land ... Der Kampf um Badeni trug die antiliberale — und damit nicht zuletzt auch antijüdische — Welle auch durch ganz Böhmen. Das Volk lief in Massen den unter nationaldeutschen und völkischen Parolen entrollten alldeutschen Fahnen zu*[50]. Im deutschböhmischen Gebiet gab es Ausschreitungen gegen tschechische Minderheiten. Die Antwort Prags ließ nicht auf sich warten. Am Anfang Dezember

1897 entlud sich in Prag der berühmt-berüchtigte »Dezembersturm«, der mit dem Angriff auf deutsche Institutionen begann, alsbald aber in antisemitischen Terror umschlug, der sich vor allem das längst sich lauthals tschechischnational gebärdende kleine Judentum der Vorstädte zum Opfer suchte. *Unsere tschechische Gesinnung hat uns nicht geschützt, ja nicht einmal die Trikolore. Erblickte man einen von uns mit der Trikolore, wurde ihm zugerufen: »Der hat Furcht, warte, wir werden Dir geben!« Hatte man keine Trikolore, wurde man ebenfalls mißhandelt.* So klagten die Tschechojuden[51]. Der Kreis um Klofáč stellte vermutlich die Treiber der Hetze. Egon Erwin Kisch hat später den *fauchenden Haß der Prager Straße* beschrieben, als er sich erinnerte wie es war, das »Sturmjahr« 1897 zu erleben, *zu jenen zu gehören, die gehetzt, mißhandelt wurden und selbst zuhause nicht vor dem Wahnwitz der Gasse sicher waren, mitzuerleben, wie gebrandschatzt und zertrümmert wurde, wie der Feuerschein des Nationalen durch die ausgebrochenen Ladentüren und die zertrümmerten Fensterscheiben züngelte, überallhin, wie plötzlich durch die vorhin noch menschenvollen, heulenden, klirrenden Gassen die Hufe der Kavalleriepferde klapperten, die Trompeten Sturm bliesen, die Säbel und Bajonette in klarer Ordnung im Gaslichte blitzten ...*[52]. Die Bajonette in klarer Ordnung; nach einigen Tagen unschlüssigen Zögerns, während derer sich die Anarchie in Prag zu etablieren begann, verhängte die österreichische Regierung das Kriegsrecht über die Stadt. Deren Herren, die jungtschechischen Politiker, hatten tatenlos und schadenfroh dem Wüten zugesehen; allein die Sozialdemokratie hatte mit wenig Erfolg versucht, ihre Organisation zur Eindämmung des Terrors einzusetzen. Unzählige jüdische Existenzen waren ruiniert, Tausende von Fensterscheiben zerschlagen, auch die der Familie Max Brods. Voll bitterer Ironie legte eine Protestdelegation der Prager Kultusgemeinde dem neuen österreichischen Ministerpräsidenten Gautsch dar, die Juden müßten *eigentlich den geheimen Leitern der Bewegung dankbar sein, daß sie nur Plünderung, nicht auch Mord und Brandlegung auf ihr Programm gesetzt haben. Wären diese auf dem Programm gestanden, so wären sie ... ebenso ausgeführt und ebenso wenig gehindert worden, wie die Plünderungen*[53]. War es hier, daß Herrmann Kafkas Geschäft von der Plünderung verschont blieb, weil Passanten die Pogromisten mit der Bemerkung abhielten: *den Kafka laßt, das ist ein Tscheche*[54]? Die Angelegenheit ist in den Quellen nicht ganz deutlich. Vielleicht könnte die folgende Stelle aus Kafkas »Betrachtung« ein Erinnerungspartikel an den »Dezembersturm« zum Hintergrund haben:

Verfolget nur den unscheinbaren Mann und wenn Ihr ihn in einen Torweg gestoßen habt, beraubt ihn und seht ihm dann, jeder die Hände in den Taschen, nach, wie er traurig seines Weges in die linke Gasse geht. Die verstreut auf ihren Pferden galoppierende Polizei bändigt die Tiere und drängt Euch zurück. Lasset sie, die leeren Gassen werden sie unglücklich machen, ich weiß es. Schon reiten sie, ich bitte, paarweise weg, langsam um die Straßenecken, fliegend über die Plätze (SE 14).

Der 17jährige Gymnasiast, der dies möglicherweise sah, hat sich zu dieser Zeit dem Sozialismus genähert. Das war, wie man sieht, keine so außergewöhnliche Wendung; die Sozialdemokratie hatte das Vertrauen, welches das jüdische Bürgertum bei den Frühjahrswahlen investiert hatte, im Dezember voll gerechtfertigt. *Die verrohte Intelligenz, unter der die Juden heute zu leiden haben, wird der schlichten, aber ehrlichen Natur der Arbeiter weichen müssen*[55], so sah es einigermaßen tapfer die Prager Israelitische Gemeindezeitung 1897. Die jüdischen Bürgersöhne trieb mehr als wahlpolitische Taktik, sie handelten aus einem diffusen Motivbündel heraus, das man als Gemeinschaftssehnsucht, Sicherheitssehnsucht bezeichnen könnte. Dabei war sicherlich das schlechte Gewissen über die manchesterliche Haltung der Väter, deren Wurzeln sie nicht kannten, ein Movens der jüdischen *Überläufer aus der Monopolistenklasse*[56] ins politische Lager des Proletariats. Franz Kafkas »Brief an den Vater« schildert die Solidarisierung mit den *Unteren,* die das Kind als Resultat des Erlebnisses von *Tyrannei* und *Unternehmerinteresse* des Vaters vornahm:

Deshalb gehörte ich notwendig zur Partei des Personals, übrigens auch deshalb, weil ich schon aus Ängstlichkeit nicht begriff, wie man einen Fremden so beschimpfen konnte, und darum aus Ängstlichkeit das meiner Meinung nach fürchterlich aufgebrachte Personal irgendwie mit Dir, mit unserer Familie schon um meiner eigenen Sicherheit willen aussöhnen wollte. Dazu gehörte nicht mehr gewöhnliches, anständiges Benehmen gegenüber dem Personal, nicht einmal mehr bescheidenes Benehmen, vielmehr mußte ich demütig sein ... Und hätte ich, die unbedeutende Person, ihnen unten die Füße geleckt, es wäre immer noch kein Ausgleich gewesen, wie Du, der Herr, oben auf sie loshacktest (H 187 f.).

Ähnlich zu deuten ist die Vorliebe von Kafkas Schwester Ottla *für den Verkehr mit armen Leuten, das Dich so ärgernde Zusammensitzen mit den Dienstmädchen und dergleichen,* das Kafka im gleichen Text erwähnt. Auf der Suche nach dem »Volk« waren noch andere junge Juden; bei manchen reichte es nur zur sentimentalen Verklärung der Unterschichten. Der Millionärssohn Werfel reimte über die *»Alten Dienstboten«: O heiliger Dienst, o Dienst, der niemals schließt, / O Einfalt, die nichts weiß und nichts genießt, /O Licht am Abend überm Tisch gebückt! / Gepriesenes Leben, Dienst! Mit abgeschundenen Händen, / Sich irdisch tilgend, himmlisch zu vollenden!*[57]. Andere kamen, weil sie demokratisch-antikapitalistisch dachten wie die Völkischen, aber dort natürlich nicht geduldet waren. Seit 1896 gab es aus dieser Richtung einen Zirkel, der sich »Verein der deutschen Arbeiter in Prag« nannte, aber initiiert war von Söhnen des wohlhabenden jüdischen Bürgertums in Prag und fast nur aus jüdischen Studenten bestand, die sich sozialistisch organisierten, weil *in Prag der Liberalismus nicht mehr Mode sei und viele Studenten durch ihre Konfession gehindert würden, deutschnational zu werden*[58]. Freilich, im Grunde war die Suche nach deutschen Arbeitern in Prag ein fast aussichtsloses Unterfangen, und so löste sich der Verein 1898 auch auf. Die konsequent sozialistischen Juden gingen, wenn sie in Prag blieben, den Weg in die tschechische Sozialdemokratie, so tat Rudolf Illowy, Kafkas Freund aus der Gymnasialzeit und jugendlicher Mit-Sozialist, der später Redakteur des Parteiorgans »Pravo lidu« (Volksrecht) wurde[59]. Der junge Kafka trug die rote Nelke, verweigerte auch in den Oberklassen das Mitsingen der selbst bei den Deutschjuden obligaten »Wacht am Rhein«[60], aber er ging nicht den typischen Schritt der jüdischen Sozialisten seiner Generation zum bewußten Austritt aus dem Judentum und zur organisierten Parteiarbeit. Voller indifferenter, reservierter Sympathie gegenüber den äußeren Formen der sozialistischen Bewegung lugte er aus dem Gehäuse bürgerlicher Existenz. 1903 schrieb er an seinen Freund Oskar Pollak:

Heute ist Sonntag, da kommen immer die Handelsangestellten den Wenzelsplatz hinunter über den Graben und schreien nach Sonntagsruhe. Ich glaube, ihre roten Nelken und ihre dummen und jüdischen Gesichter und ihr Schrein ist etwas sehr Sinnvolles . . . Die andern aber, die auf dem Graben gehn und dazu lächeln, weil sie selbst ihren Sonntag nicht zu nutzen verstehn, die möchte ich ohrfeigen, wenn ich dazu den Mut hätte und nicht selbst lächelte. (Br. 20)

Übrigens war der Zulauf der Juden zur Sozialdemokratie für diese nicht unproblematisch. Gerade weil ihre Führungsgarnitur in Österreich stark jüdisch war, kam sie in eine schwierige Situation. Denn die völkische und christlichsoziale Propaganda in Böhmen ruhte nicht, die gefährliche politische Konkurrenz wieder und wieder als *Judenpartei* zu denunzieren. Die »Warnsdorfer Hausblätter«, das Organ der böhmischen Christlichsozialen denunzierten z. B. die 1898 von der Sozialdemokratie groß herausgebrachte 50jährige Erinnerung an die Revolution von 1848 als *orientalischen Humbug*, als *Knoblauch-Schwindel: Die jüdische Betörung der Christen ist eine Errungenschaft der Periode seit 1848, und dadurch ist das Massenelend stetig drückender geworden. Diese Signatur behält auch die sozialistische Zukunft, welche überall geschäftige Judenhände vorbereiten. Die Arbeiterschaft, das Proletariat ist für diese Lenker nichts weiter als das übliche Kanonenfutter!*[61]. So mußte die Parteiführung peinlich vermeiden, über ihr Eintreten für die Rechtsstaatlichkeit hinaus als spezifische *Judenschutztruppe* zu erscheinen, so sehr sie immer wieder dazu gedrängt wurde in diesen Jahren der permanenten Staatskrise Österreichs nach 1897.

Seinen explosiven Höhepunkt erreichte das hemmungslose antisemitische Fieber, das nun überall in Böhmen keinen Unterschied mehr machte beim nationalen Bekenntnis der Juden, in der ›Hilsner-Affäre‹. In ihr schlug die judenfeindliche Hetze in ein psychotisches Wahnsystem um.

Am 1. April 1899, dem Tage vor Ostern, wurde dicht an dem Weg von Polna nach dem Dorf Klein-Wieznitz die neunzehnjährige Häuslerstochter Agnes Hruza mit einer großen Schnittwunde am Hals tot aufgefunden. Wieder, wie 1883 in Tisza-Eszlár, war ein Mädchenmord geschehen, zu dem Täter und Motiv fehlten. Aber diesmal begann die Affäre nicht in einem fernen ungarischen Dorf, sondern mitten in Böhmen, wo der tschechische Radikalismus, aufgeputscht durch eine entfesselte Presse, nach dem Zusammenbruch der jungtschechischen Politik in Wien ein Ventil suchte[62]. Der Prager Redakteur eines kleinen tschechischen Antisemitenblattes, Jaromír Hušek (auch er ein Mitbegründer der »Národní obrana«) machte als selbsternannter Staatsanwalt den christlichsozialen Politiker Schneider in Wien auf den Polnaer Fall aufmerksam und wies auf den jüdischen Schustergesellen Leopold Hilsner als Täter hin. Von diesem Zeitpunkt an, als die Verbindung zwischen dem lokalen und zentralen Antisemitismus Österreichs hergestellt war, entwickelten sich Affäre und Gerichtsverfahren über alle institutionellen und rechtsstaatlichen Mauern hinweg zu einem massenpsychologischen Prozeß gegen das Judentum schlechthin, der nur in dem von Anfang an feststehenden Schuldspruch enden konnte. Noch bevor überhaupt die Justizmaschine zu arbeiten begonnen hatte, etablierten die journalistischen Funktionäre des Antisemitismus in Polna einen *Spezialgerichtshof*, der sich die politischen Lokalbehörden hörig zu machen verstand, Akten und Protokolle führte und die ersten Zeugenverhöre vornahm. Kurz nach den ersten Zeitungsberichten im April 1899 schwoll die Agitation lawinenartig an, und während die Wiener antisemitische Presse noch vorsichtig, blumig-mystisch orakelte, drückte sich die jungtschechische Massenpresse bereits deutlicher aus und legte den Gedanken an einen jüdischen Ritualmord nahe. Die klerikale Presse der Tschechen erging sich dann sehr bald in Details über mögliche *Halsschnittechniken* bzw. *Koscherierung* des Opfers. Die Ergebnisse dieser »wissenschaftlichen« Diskussion fütterten eine hemmungslose Ritualmord-Trivialliteratur, eine Welle von Bildpostkarten mit Polna- und Hilsner-Motiven überschwemmte das Land, der Ritualmord wurde Attraktion vieler Dioramen, Pantoskope und Guckkastenbilder in Böhmen.

Der Anblick, den die Bilder bieten, ist wahrhaft grauenvoll, das Gedächtnis kann sich von dem widerlichen Anblick garnicht mehr befreien. Erwägt man, daß bei der großen Masse der ländlichen Bevölkerung alles Gedruckte ohnehin eine gewisse Authentizität besitzt und der Anschein der letzteren besonders in den Flugblättern durch einen unglaublich raffinierten Text mächtig gesteigert wird, so kann man sich ausmalen, wie grauenvolle Suggestionswirkungen von jenen Anschauung und Verstand zugleich gefangen nehmenden Blendwerken ausgegangen sein muß[63].

So schrieb später der kriminalpsychologische Analysator der Affäre Arthur Nußbaum. Jede absurde Lüge, die der entfesselte Wiener Antisemitismus herausbrachte, wurde als heilige Wahrheit in den jungtschechischen »Národný listy« (Nationale Blätter) und der Presse des tschechischen Klerikalismus reproduziert; die Blutbeschuldigung erwies sich als ein unvergleichliches Mittel der antisemitischen Agitation. Denn *die Vorstellung, daß die Juden Mörder von Religions wegen seien, daß sie sich gerade die unschuldigen Kinder, Jünglinge und Jungfrauen zu Opfern ihres verbrecherischen Fanatismus aussuchen — dieser Gedanke muß ja die gläubige Menge bis in die dunkelsten Tiefen aufwühlen, muß die Vernichtung der ruchlosen Verbrecher als eine heilige, eine gottgewollte Tat erscheinen lassen*[64]. So wurde der Prozeß dann auch ein *Volksgericht*, zu dem die Justiz bloß noch die Staffage stellte. Kurz vor dem Beginn der Affäre war in Rennes Dreyfus verurteilt worden, unter dem Jubelgeschrei der nationalen tschechischen Presse. Kein Wunder, daß jetzt der Staatsanwalt in Kutná hora (Kuttenberg) den Prozeß a priori zur böhmischen Dreyfusiade erklärte. Über die

Methode der Urteilsfindung im Hilsner-Prozeß schrieb später der große Strafrechtler Franz von Liszt, die zutage getretene *Macht der Suggestion* sei einzigartig im ganzen späten 19. Jahrhundert gewesen, beispiellos auch, *wie aus dem Volksaberglauben heraus die Fantasiebilder der Zeugenaussagen entstehen, wie sie immer festere Gestalt gewinnen, anschaulicher werden und zahlreichere, kennzeichnende Einzelheiten aufnehmen; wie nach langen Monaten neue Zeugen sich melden und unter ihrem Eide über entscheidende Tatsachen berichten, die sie unbegreiflicherweise bei sich behalten haben; wie die Maschen des Netzes immer enger werden, das sich über dem Verdächtigen zusammenzieht*[65]. Karel Baxa übernahm als Vertreter der Nebenkläger, der Familie der Ermordeten, den Part des heiligen Rächers; er spielte virtuos auf der Klaviatur der obszönen Prüderie der Zeit, indem er ausgiebig das Entkleidungs-, Schändungs- und Schlachtmotiv in seine Ausführungen einbezog:

Ich werde die Wunde nicht beschreiben, alles was vorging, deutete darauf, daß es sich hauptsächlich um etwas ganz anderes handelt, als um das Leben. Denken wir uns in die Situation: Das Mädchen schreitet nach Hause, ihre Gedanken weilen schon daheim, sie ahnt nichts Böses, hat nicht die geringste Idee von einem Morde — auf einmal ist sie betäubt, in die Macht einiger Leute gegeben, welche ihr die Kleider vom Leibe zu reißen beginnen, in so wütender, gewalttätiger Weise, daß sie notgedrungen zu sich kommen mußte, und bedenken Sie die Situation des jungen ehrbaren Mädchens, als sie die Kleider von ihr rissen, als sie sich in den Händen dreier Unbekannter sah, welche offenbar einer anderen, ihr widerwärtigen Rasse angehörten, wie sie sich auf sie stürzen, — wie auf ein Opfertier, *welche Qualen mußte sie leiden, als sie ihr die Brust entblößten, als sie sich erinnerte, wozu dies alles ist, daß vielleicht in allernächster Zeit einer von ihnen ein unsittliches Delikt an ihr verüben, ihre jungfräuliche Schönheit entehren wolle und, wie sie dies fürchtet, sieht sie, wie einer ein Messer herausnimmt, fühlt sie die schmutzige, mörderische Hand, welche noch das Messer untersucht. Wer diese Augenblicke erwägt, wird einsehen, daß Agnes Hruza eine Märtyrerin im wahrsten Sinne des Wortes war. Wozu ist das geschehen? ... Gott sei Dank, daß es bewiesen worden ist. Man wollte eine christliche Person ermorden, ein unschuldiges Mädchen, um ihr Blut von ihr zu bekommen. Alles Ausreden hilft nichts, dieser Zweck des Mordes war da, die Kunde läuft durch die Welt, daß es Leute gibt, welche ihrem Nächsten nach dem Leben trachten, um sich ihres Blutes zu bemächtigen, das ist ungeheuerlich, schrecklich! Der Mensch sträubt sich dagegen es zu glauben ... dennoch stehen wir vor dem Faktum, welches bewiesen ist, welches sich nicht widerlegen läßt. Ich rede nicht von dem Zwecke, zu welchem es geschehen ist, davon weiß ich nichts. Das ist die Pflicht aller derjenigen, die an der Spitze der staatlichen Gesellschaft stehen, den Grund zu suchen, nachzuforschen, warum sie das Blut auffangen, warum das vorgeht*[66].

Das Auditorium wuchs während der Verhandlungen allmählich in die Rolle eines Chores hinein, der die einzelnen Szenen des forensischen Dramas mit lauten Äußerungen des Beifalls oder des Unwillens begleitete. Am Ende wurde Hilsner zum Tode verurteilt, die radikalen Tschechen hatten ihren Sieg und sie bestanden auf ihrem Schein. Im März 1901 interpellierte der radikale tschechische Abgeordnete Freisl im österreichischen Reichsrat, warum Hilsner immer noch nicht gehängt sei[67].

Aber auch die Alldeutschen begrüßten den Prozeß als Anlaß zur Erneuerung der alten Forderung, die Juden unter Sonderrecht zu stellen. Die »Ostdeutsche Post«, das theoretische Organ der böhmischen Völkischen fand die bemerkenswert zynischen Worte:

Das deutsche Volk nimmt die Juden als Ganzes, als Rasse und will mit dieser Gesamtheit abrechnen, unbekümmert um das, was innerhalb des Judentums gut oder schlecht ist ... Wenn die arische Welt den Juden weiter nichts vorzuwerfen hätte als ein paar Ritualmorde, dann gäbe es keine Judenfrage und keinen Antisemitismus[68].

In Böhmen nahm als einziger ein Außenseiter der politischen Szene, der Soziologieprofessor der tschechischen Universität Thomas Masaryk den Kampf gegen den Massenwahn auf, vorsichtig gestützt durch die Sozialdemokratie[69]. Er blieb erfolglos; das nationale Blockdenken hatte die rechtsstaatlichen Grundlagen bereits zu tief angegriffen. Masaryk wurde zum *Mazzesryk*, die chauvinistische Öffentlichkeit glaubte ihn von den Juden gekauft. Charakteristisch sind die Vorwürfe, die Masaryk 1899 von seinen Studenten an der Prager Universität gemacht wurden: *Wir erheben gegen Masaryk den Vorwurf*, hieß es da, *daß er in so bewegten Zeiten, wo es notwendig ist, daß das Volk wie ein Mann gegen die feindliche Regierung steht*, eines Juden wegen *das ganze Volk zersplittern und dadurch schwächen will. Er arbeitet dem expansiven Deutschtum in die Arme*. Selbst bis in die liberalen Kreise von Masaryks kleiner »Realistenpartei« reichte der Druck der Öffentlichkeit. Noch 1914 erinnerte sich Masaryk voller Ekel: *Ich sehe noch die ängstlichen Gesichter vieler meiner Bekannter; ich erinnere mich, wie sie mir auswichen, und wie man mir den antisemitischen Klerikalismus erläuterte, Erinnerungen, die heute meine müde gewordene Seele beschweren . . .*[70].

Es gibt kein Zeugnis des Maturanten Kafka, das über den Eindruck von Polna etwas aussagt. Aber man ahnt, was da verschüttet lag; zum koscheren Schlachten hatten die Kafkas eine Beziehung, der Großvater Jakob hatte das Amt des »Schochet«, des rituellen Metzgers innegehabt. Als Kafka 1916 Arnold Zweigs Tragödie »Ritualmord in Ungarn« las, die jenen Prozeß von Tisza-Eszlár zum Inhalt hat, der in Kafkas Geburtsjahr 1883 eine neue Epoche bösartiger Judenfeindschaft einläutete, da schrieb er an Felice: *Bei einer Stelle mußte ich zu lesen aufhören und mich auf das Kanapee setzen und laut weinen. Ich habe schon seit Jahren nicht geweint* (F 736). Auch Kafka hat eine Erzählung geschrieben, in deren Mittelpunkt ein Ritualmordprozeß stand: die Geschichte von dem Beilis-Prozeß im russischen Odessa des Jahres 1911; Dora Diamant vernichtete sie bei der Berliner Manuskriptverbrennung im Winter 1923, durch die sich Kafka von den *Gespenstern* befreien wollte[71].

Im emotionalen Aufwind der Polna-Affäre wurde nun auch die immer wieder seit dem Beginn der nationalen Kämpfe versuchte Boykottierung des jüdischen Kaufmannes zu einer echten Bedrohung. *Kaufet nicht beim Juden ein / Kaffe, Zucker, Möbel, / Die Juden, sie erschlugen uns / Ein sehr junges Mädel*[72], so sangen die Kinder (auf tschechisch natürlich; die Übersetzung stammt von E. E. Kisch). Die Bewegung hieß nun nach einem Slogan František Palackýs »Svuj k svému« (Jeder zu den Seinen) und versuchte eine nationale Integralisierung allen Wirtschaftslebens, wenigstens dem Ideal nach. Jahr für Jahr wichen seit 1900 Tausende von jüdischen Familien dem Boykottdruck auf dem flachen tschechischen Land; sie zogen nach Wien und Prag, in die deutschböhmischen Gebiete. Von 1900 bis 1912 sank die Zahl der in Böhmen ansässigen Juden von 92000 auf 85000[73]. Schwieriger wurde täglich auch die Existenzform des kleinen jüdischen Handels in den Städten. »Der Kaufmann« heißt ein frühes Stück Kafkas:

Es ist möglich, daß einige Leute Mitleid mit mir haben, aber ich spüre nichts davon. Mein kleines Geschäft erfüllt mich mit Sorgen, die mich innen an Stirne und Schläfen schmerzen, aber ohne mir Zufriedenheit in Aussicht zu stellen, denn mein Geschäft ist klein. . . . Wenn nun am Abend eines Werketages das Geschäft gesperrt wird und ich plötzlich Stunden vor mir sehe, in denen ich für die ununterbrochenen Bedürfnisse meines Geschäftes nichts werde arbeiten können, dann wirft sich meine am Morgen weit vorausgeschickte Aufregung in mich, wie eine zurückkehrende Flut, hält es aber in mir nicht aus und ohne Ziel reißt sie mich mit (SE 13).

Aus der trüben Nebellandschaft des offenen oder versteckten Boykotts könnten auch diese Sätze aus der »Beschreibung eines Kampfes« stammen:

Die allgemeine Geschäftslage ist so schlecht, daß ich manchmal, wenn ich im Büro Zeit erübrige, selbst die Mustertasche nehme, um die Kunden persönlich zu besuchen . . . Aber es gibt so manche Geschäftsver-

bindung, die sich ... im letzten Jahr aus mir unbekannten Gründen fast gelöst hat. Für solche Störungen müssen auch gar nicht eigentliche Gründe vorhanden sein; in den heutigen labilen Verhältnissen entscheidet hier oft ein Wort, eine Stimmung..., denn *selbst alter Bekannter ist man nicht mehr sicher* (BK 24).

Natürlich sahen sich nicht alle jüdischen Geschäftsleute mit einem Schlage ruiniert und ohne Kundschaft und Auftraggeber. Aber das war ja gerade das Fatale, daß unter den Gewitterwolken einer allgemeinen Boykottdrohung das ökonomische Leben undurchsichtig wurde, infiziert mit Panik und Mißtrauen, und daß in diesem Klima die Unterscheidungen schwer zu treffen waren darüber, ob nun die irrationale Boykottatmosphäre oder objektive wirtschaftliche Sachzwänge den jüdischen Kaufmann aus der ökonomischen Szenerie verdrängten. Zweifellos neigte sich die Zeit der klassischen ökonomischen Funktion der Juden als »intermediäre Fremdschicht« um 1900 ihrem Ende zu, die jüdische Nische in der Wirtschaft mußte zugunsten anderer, Nachdrängender geräumt werden.

Die christlichen Gehilfen wurden selbst Unternehmer, im Orte oder in den umliegenden Dörfern, man ging darum nicht mehr in den Laden »seines« Juden in die Landstadt. Außerdem überschwemmten Agenten die Häuser, um der aufstrebenden Industrie ohne Zwischenhandel Absatz zu verschaffen. Die Handwerker und Arbeiter schlossen sich zu Konsumvereinen zusammen, dazu wuchs noch die Konkurrenz der Juden untereinander, so daß der jüdische Kaufmann sehr geschwächt wurde[74].

Auch der jüdische Großhandel, so wie ihn Vater Herrmann Kafka betrieb, war angeschlagen. In einem frühen Text Kafkas klagt man:

Herr, Sie wissen es ja so gut wie ich, in den kleinsten Nestern lassen diese Fabrikanten reisen, zum dreckigsten Krämer kriechen sie, und glauben Sie, daß sie ihnen andere Preise machen als uns Großkaufleuten? Herr, lassen Sie es sich gesagt sein, ganz dieselben Preise ...

Ich nenne das Schufterei. Man erdrückt uns, bei den heutigen Verhältnissen ist es für uns einfach überhaupt nicht mehr möglich, Geschäfte zu machen, man erdrückt uns (H 25).

Der *Nachbar* Kafkas scheint wie aus dem psychischen Stoff der totalisierten Konkurrenz des »Svuj k svému« gemacht: ... *ehe ich die Hörmuschel aufgehängt habe, ist er vielleicht schon daran, mir entgegenzuarbeiten* (SE 301).

Auch als die Ritualmordhysterie allmählich abklang und in der Mitte des ersten Jahrzehnts die Schauermeldungen über neue *Blutabzapfungen, Vampyrismus, Blutsuppekochen* der Juden seltener wurden, hörte der Boykott der Kaufleute, Ärzte, Advokaten nicht auf, die fühlten, *wie sie förmlich in Feindesland leben*[75]. In Kolín, wo Kafkas Onkel Philipp ein Geschäft betrieb, stellten sich im Dezember 1908 Mitglieder eines radikalen tschechischen Frauenverbandes vor die jüdischen Geschäfte, um jeden Kunden zu photographieren[76]. Wer in die deutschböhmische Provinz wechselte, kam vom Regen in die Traufe. *Welche Schmach bedeutet es für eine deutsche Familie, wenn auf und unter dem strahlenden urgermanischen Weihnachtsbaum Geschenke für die Lieben in ... Judengeschäften gekauft worden sind!*[77], deklamierte ein westböhmisches Boykottplakat 1903:

Jeder Deutsche, der seine Weihnachtsgeschenke bei Tschechen oder Juden kauft, entehrt sich selbst und schändet sein eigenes Volkstum. Wieviele deutsche Handwerker und Kaufleute ringen besonders unter dem Druck der jüdischen Schmutzkonkurrenz schwer um ihre Existenz. Der deutsche Stammesgenosse geht oftmals achtlos an ihnen vorüber, schnurstracks in den Judenladen hinein, wo er unter heuchlerischem Gemauschel gehörig übers Ohr gehauen wird.

1909 gab es in Eger zur Weihnachtssaison »Beobachtungskommittees«, welche die Käufer in jüdischen Geschäften der Öffentlichkeit mitteilen sollten[78]. Und wo die Juden das Feld räumten, tönte ihnen boshafte Schadenfreude nach. Der Kommentar des Bürgermeisters von Polna zum Wegzug der meisten Juden steht für viele: *Es sei gerade so, als wenn ein Mensch die Krätze loswerde*[79]. Weil das österreichische Strafrecht in seinem § 302 die Aufhetzung zur Feindseligkeit gegen soziale Gruppen in vage umrissener Form verbot, entwickelten sich raffinierte Methoden der Boykottpropaganda. Der Prager Antisemitenführer Březnovský zum Beispiel sorgte im Wege der parlamentarischen Interpellation für die Wirkung von Boykottlisten, die wegen ihres parlamentarischen Charakters der Beschlagnahme durch den Staatsanwalt entzogen waren; aufgeführt wurden jene Prager Geschäftsleute, die trotz ihrer Herkunft aus dem tschechischsprachigen Landesteil sich in der Volkszählung als Deutsche bekannt hatten.

Die Abgeordneten Březnovský u. a. haben in der Sitzung vom 21. 4. 1903 eine Interpellation eingebracht, in welcher auf dem Wege eines offenbaren Mißbrauchs der amtlichen Beteiligung der Volkszählungskommission . . . eine schwere Schädigung jener Geschäftsleute israelitischer Konfession, welche sich bei der Volkszählung zur deutschen Umgangssprache in Prag bekannt haben, dadurch beabsichtigt wird, daß diese Interpellation eine förmliche Proskriptionsliste dieser Geschäftsleute aufstellt. Die tschechischen Zeitungen sorgen durch Herstellung von Sonderabdrucken dieser Liste und deren Kolportierung für die möglichst erfolgreiche Verwirklichung der Absicht, diese Geschäftsleute bei der Bevölkerung tschechischer Nationalität als Feinde des tschechischen Volkes zu verdächtigen . . .[80].

Der Galanteriewarenhändler Herrmann Kafka stand nicht auf dieser Liste. Er hatte seine Familie immer als tschechisch deklariert, auch wenn dabei kleine verräterische Schnitzer unterliefen. Kafkas Mutter figurierte auf dem Nationalitätenzettel von 1890 in der Umgangssprache zwar tschechisch, aber die Namensschreibung deutete auf eine eindeutig deutsche »Julie Kafka«. 1900 verschwieg sie neutral den Nachnamen, um 1910 als eindeutige, einer tschechischen Umwelt genehme »Julie Kafková« zu enden[81]. Gleichwohl, die Ausräumung nationaler Möglichkeiten des Anstoßes bedeutete ja gar keine Zukunftssicherung des jüdischen Handels. Nach der Jahrhundertwende gab es *Geschäftssorgen* der Kafkas, ja einen *entsetzlichen Rückschritt* der »Galanteriewaren en gros« (F 454). Es wäre denkbar, daß die ständig zunehmende Gefährdung des Handels die Entschlüsse der Kafka-Familie, das Wagnis einer Investition in der Industrie einzugehen, gefördert hat. War diese »Erste Prager Asbestfabrik«, deren Gründung Franz Kafka betrieben hatte, Herrmann Kafkas letzter Versuch, endlich Fuß zu fassen in den oberen Etagen des österreichischen Kapitalismus, hinaufzusteigen in die Ebene der Handelskammern und Industrieverbände, wo man keinen Antisemitismus fürchten mußte, weil es auf dieser gesellschaftlichen Ebene keine andere Ideologie mehr gab außer dem verbindenden Element des Antisozialismus? Es wäre denkbar, denn wirklich entkommen aus der materiellen Schlinge des Antisemitismus war nur das jüdische Großbürgertum, waren die Werfels, die Grabs, die Brochs, die Zweigs, die Kraus — um nur einige Namen zu nennen, die der Literaturgeschichte geläufig sind. Hier war man so reich, daß man sogar getauft war, *was in Prag in gewissen jüdischen Kreisen als die höchste soziale Stufe galt, die man erklimmen konnte ...*[82]. Das Zitat stammt von Max Brod; die Ironie ist zionistisch. Aber das Phänomen dahinter hatte gar nichts Lächerliches: tatsächlich bedeutete doch die Taufe den Übertritt von einer säkularisierten jüdischen Gesellschaft in eine säkularisierte christliche (*Wir waren so unjüdisch, wie die anderen unchristlich waren*[83]), und war somit kein ideologischer, sondern ein sozialer Akt. Aber er signalisierte, daß das Individuum nun endlich stark genug war — und diese Stärke war in fast allen Fällen eine materiell, vermittels Kapitalakkumulation erreichte Stärke —, sich von der leidigen Teilhabe am zwangsweise auferlegten Sonderschicksal loszumachen und endlich Glied der bürgerlichen Gesellschaft ohne Sondertitel zu werden. Freilich war in Böhmen, im Gegensatz zu Wien, Taufe und Austritt aus dem Judentum selbst in dieser Zeit des mit den Waffen des Boykotts und des psychischen Terrors geführten kalten Bürgerkriegs eine seltene Erscheinung.

Gefährlicher noch als der immer schmäler werdende Boden für die freie ökonomische Existenz waren die Barrieren, die durch den etablierten Antisemitismus den jüdischen Akademikern gelegt wurden. Seit der großen Depression zielten die Wünsche der meisten Aufsteiger bei Tschechen wie bei Deutschen und Juden fast nicht mehr auf Positionen der freien Wirtschaft, sondern auf die akademischen, staatlichen, die »sicheren« Berufe. Auch Herrmann Kafka handelte, als sich der Sohn einmal gegen die Übernahme der »Galanteriewaren en gros« entschieden hatte (aus Gründen, über die weiter unten nachzudenken sein wird), der *maßgebenden allgemeinen Söhnebehandlung des jüdischen Mittelstandes* (H 203) folgend und schickte Franz auf die Universität. Aber das Jus, das Kafka studierte, bot nicht mehr die gleichen Einstiegschancen in den öffentlichen Dienst, der früher, wenn auch unwillig, auch Juden akzeptiert hatte. *Es wurde den Juden nicht schwer gemacht, in den Staatsdienst einzutreten. Man ließ sie nur nicht gerne zu weit vorrücken. Es galt der Grundsatz, daß ein Jude, um einen bestimmten Rang zu erreichen, ungefähr das Doppelte leisten müsse wie ein Christ*[84]. Das war nun vorbei, ohne daß es dafür einschränkender Gesetze bedurft hätte. Es hieß in Prag, ein Jude könne *nie politischer, in vielen Kronländern nicht einmal richterlicher oder Finanzbeamter werden*[85]. Max Brod erwähnt die Sehnsucht nach den *Staatsämtern,* die *Juden nur bei sehr hoher Protektion möglich waren*[86]. Verwundert es da, daß Herrmann Kafka gegen *nutzlose Freundschaften* des Sohnes loszog? Und bei den halbstaatlichen Institutionen, den kommunalen Behörden, ja auch in der freien Wirtschaft sah es nicht viel besser aus. Brod, der gemeinsam mit Kafka nach Positionen Ausschau hielt, verzeichnet *die oft enttäuschten Hoffnungen auf passende Stellungen*[87]. Daß Kafka schließlich in der Arbeiterversicherungsanstalt unterkam, war ein Glücksfall. 1917 schrieb er an Brod, der ihn um Hilfe bei der Stellungssuche eines Juden gebeten hatte: *Die Anstalt ist für Juden unzugänglich ... Es ist unverständlich, wie die zwei Juden, die dort sind ... hineinkamen und es wiederholt sich nicht* (Br. 104). 1907 wollte er, *wenn sich bis Oktober in meinen Aussichten nichts bessert ... den Abiturientenkurs an der Handelsakademie* machen und sich durch Spanischlernen in der Qualifikation verbessern; und war doch promovierter Jurist (Br. 37). 1909 waren unter den dreitausend Angestellten der Großkommune Prag ganze dreiundzwanzig Juden angestellt, bei 9 % relativem Bevölkerungsanteil und einem geschätzten Anteil am Prager Steueraufkommen von 20 %[88]. Die tschechischen Sparkassen und Banken handelten noch rigoroser. In *ihren Zentralen in Prag und Brünn und in ihren Filialen im ganzen Reiche ... wird ein Jude prinzipiell nicht angestellt, mag sich der jüdische Bewerber um eine Anstellung noch so tschechisch gebärden!*[89]. Kein Wunder, daß unter diesen Umständen nur 1,1 % der Hörer der tschechischen Universität Juden waren[90]. Der »Verein jüdischer Privatbeamter«, dem auch Kafka angehörte, klagte 1910, *daß der überwiegende Teil arischer Firmen nur Nichtjuden akzeptiert ... Dazu kommt noch die Gehässigkeit der nichtjüdischen Mitarbeiter, die den Judenbeamten als störendes Glied in ihrer Mitte behandeln ...*[91]. In einem Text Kafkas liest sich der gleiche Sachverhalt so: *Man arbeitet so übertrieben im Amt, daß man sogar zu müde ist, um seine Ferien gut zu genießen. Aber durch alle Arbeit erlangt man noch keinen Anspruch darauf, von allen mit Liebe behandelt zu werden, vielmehr ist man allein, gänzlich fremd und nur Gegenstand der Neugierde* (SE 234). Der klassische Ausweg der Juden in die freien Berufe, besonders in Advokatur und Medizin, begann an der Überbesetzung dieser Branchen zu scheitern. In Wien waren 1890 bereits unter 681 Rechtsanwälten 394 Juden gewesen, unter 360 Advokaturkandidaten 310 Juden[92]. Immer häufiger tauchte im ersten Jahrzehnt allenthalben die Forderung nach dem Taufschein in den Stellenannoncen auf[93]. Die Alldeutschen präsentierten dann 1911 auch die dazu passenden legislativen Vorschläge: sie sahen den Ausschluß jüdischer Personen von Parlament, Richterstand, Offizierslaufbahn und Lehrbefugnis an öffentlichen Lehranstalten vor, forderten eine Beschränkung der jüdischen Zulassung zum Notariats- und Anwaltsgeschäft, verlangten endlich, um kein Schlupfloch offen zu lassen, ein Verbot der Namensänderung und eine genaue Judenstatistik[94]. Der Hintergrund dieses akademischen Bürgerkriegs lag in dem erbitterten Konkurrenzkampf, den sich Deutsche und Tschechen auf dem Markt der qualifizierten Berufe lieferten, liefern mußten. Es gab ein krasses

Mißverhältnis zwischen akademischer Produktion und freien Stellen; wegen des geringen Wirschaftswachstums Österreichs blieb der Zuwachs freier Stellen weit hinter dem dank nationaler Konkurrenz hervorragend ausgebauten und besuchten Bildungswesen zurück. Der Kampf um die Unterbringung der juridischen Hochschulabsolventen hatte schon den explosiven sozialen Untergrund der Badeni-Krise von 1897 abgegeben, weil durch die Badeni'schen Sprachgesetze die Tschechen bei der Einstellung in die Bürokratie bevorzugt worden waren. Es war ganz offenbar, daß aus diesen Gründen *die Tschechen sich mit dem Eroberten nicht zufrieden geben können, selbst wenn sie es wollten, denn die große Nationale Frage ist zugleich eine Brot- und Magenfrage geworden . . .*[95]; jedes Jahr verließen tausend Absolventen die tschechische Hochschule in Prag, die in dem begrenzten tschechischen Staatsgebiet nicht befriedigend untergebracht werden konnten. Wie dürftig sahen da erst die Aussichten für die jüdischen Akademiker aus, deren Hochschulquote den relativen Bevölkerungsanteil natürlich weit überstieg. Bei 1,46 % Bevölkerungsanteil in Böhmen stellten die Juden 1904/5 24,9 % der Studenten der Prager deutschen Universität, ca. 1 % der tschechischen, 29,8 % der deutschen Technischen Hochschule, 1,2 % der tschechischen. Bei 4,69 % relativem Anteil an der österreichischen Gesamtbevölkerung waren ca. 50 % der Studenten an der Wiener Universität Juden[96]. Die Diskussion um einen »numerus clausus« für die Juden war deshalb seit 1900 besonders im deutschen Rassismus und bei den Christlichsozialen im Schwange. 1901, als Kafka sein Studium begann, hatten deutschböhmische Antisemiten die Unterstellung handfester ökonomischer Motive noch pharisäisch von sich gewiesen:

. . . wenn die Strebsamkeit des Juden ein Vorzug sein soll, dann ist uns der deutsche Student mit all seinen Fehlern, seinem jugendlichen Leichtsinne, seiner Kneipfröhlichkeit, seinen »unpraktischen Schwärmereien« für »abstrakte Dinge«, wie Ehre, Freiheit, Vaterland und Volksthum, mit denen man sich freilich keine einträglichere Professur erobert, tausendmal lieber als der jüdische . . ., dessen thatsächliche Unwissenheit und Oberflächlichkeit, gepaart mit echt semitischer An-

maßung und materialistischer Gesinnung schon Billroth in seinem berühmten Buche über das Lehren und Lernen an der Wiener Universität so klassisch schildert ... diese Sorte von jüdischen Studenten, die sich mit allen angeborenen Kniffen und Pfiffen ihrer Rasse durch alle Examina endlich zum Doktor hinaufschwingen, würde der deutsche Student auch dann nicht fürchten oder hassen, wenn er wirklich schon so materialistisch verderbt wäre, das ... Judenjüngel, das mit ihm dasselbe Kolleg besucht, in diesen Jahren schon unter dem Gesichtswinkel des künftigen Berufskonkurrenten zu betrachten. Dem reiferen deutschen Studenten drängt sich allerdings angesichts der fortschreitenden Verjudung aller Hochschulen auch heute schon die Sorge vor dem skrupellosen Geschäftsgeiste der jüdischen Kommilitonen auf, in welchem ihm die künftigen jüdischen Medizinmänner und Advokaten, die Spezialisten und Rabulisten allerdings mangels der standesmäßigen und wissenschaftlichen Honorigkeit weit überlegen ist. Aber den eigentlichen Urgrund des Antisemitismus beim deutschen Studenten, der von Politik und Erwerbsleben noch gar nichts weiß, bildet nicht diese Furcht vor der vollständigen Verjudung aller wissenschaftlichen Berufsstände, sondern eben jene instinktive nationale Abneigung des deutschen Jünglings gegen den ihm fremden, durch und durch auf den materiellen Vortheil gerichteten Geist der jüdischen Rasse, den er in jedem einzelnen Exemplar der semitischen »Kommilitonen« mehr oder minder scharf ausgeprägt findet[97].

Wenige Jahre später bedurfte es keiner Bemäntelung mehr. 1908 brachten die Christlichsozialen, die Deutschnationalen und die tschechischen Agrarier im österreichischen Parlament folgenden Antrag ein: *Die Regierung wird aufgefordert, Erhebungen darüber zu pflegen, wie das Zahlenverhältnis der jüdischen Mittelschüler zu den christlichen in Einklang zu bringen ist mit den wirklichen Bevölkerungsziffern*[98]. Das erste Attentat auf die jüdische Teilhabe an den höheren Schulen scheiterte nur knapp am Dazwischentreten der Sozialdemokratie; die Liberalen enthielten sich der Abstimmung.

Die Verhältnisse im Wiener Parlament spiegelten getreu die böhmische

Szene wider. In den Jahren der Staatskrise nach 1900 hatte sich die fast vollständige Isolierung der böhmischen Juden gezeigt, die in wechselnder Intensität und wechselnder Offenheit aus allen politischen Lagern hinausgewünscht wurden, soweit sie sich überhaupt noch dort befanden und sich nicht auf eine Position der absoluten Zurückgezogenheit ins Private beschränkten. Der böhmische Landtag von 1901 wies zum ersten Mal in seiner Geschichte keinen einzigen jüdischen Abgeordneten mehr auf. *Es ist ja, als ob man über die jüdische Bevölkerung in Böhmen, deren Steuerkraft gewiß nicht zu unterschätzen ist, förmlich zur Tagesordnung übergehen würde ... als ob ihre Großindustriellen, Juristen usw. minderwertiger wären als Schneider und Handschuhmacher*[99]. 1907 erreichte der österreichische Liberalismus nur mehr um den Preis des freiwilligen Ausschlusses seiner jüdischen Abgeordneten die Aufnahme in die deutschbürgerliche Fraktionsgemeinschaft. 1910 kam dann das endgültige Ende des deutschen Liberalismus; die Reste der Partei lösten sich im Deutschen Nationalverband des Parlaments auf[100]. Allein der (fast ganz jüdische) Prager Ortsverein blieb als singuläres Fossil des Altliberalismus stehen, locker verbunden mit dem Nationalverband wegen seiner immer noch vorhandenen Zahlungswilligkeit. Franz Kafkas getaufter, durch Einheirat in eine der reichsten jüdischen Industriefamilien Böhmens arrivierter Cousin Bruno K. leitete ihn. In Deutschböhmen zogen die Völkischen *still und höflich* in die verlassenen politischen Positionen der Liberalen ein[101]. Sie bedurften keines Radau-Antisemitismus mehr zur Befestigung ihrer Macht, die sich auch ganz konkret im alltäglichen Leben manifestierte: So war zum Beispiel 1912 in Böhmisch-Leipa *der gesellschaftliche Verkehr zwischen Juden und Nichtjuden beim Gefrierpunkt angelangt*[102]. In Eger hatten schon um die Jahrhundertwende in den Cafés Schilder geprangt, die verkündeten, daß *Tschechen, Juden und Hunden* der Eintritt verboten sei[103].

Im tschechischen Parteispektrum brachten die Jahre des Straßenterrors die Ablösung der Jungtschechen durch die neuen, noch radikaleren Kräfte, die 1897 bis 1899 ihre Krallen gezeigt hatten. Klofáč nabelte seine nationalsozialen Anhänger bald von der jungtschechischen Patronage ab; der Kettenhund emanzipierte sich, schuf sich eine Massenpresse, knüpfte kapitalbringende Verbindungen zum zaristischen Regime in Rußland (das just in dieser Zeit zu neuer Pogrompolitik ansetzte). Die tschechischen Nationalsozialen bekamen ihren Zulauf aus dem deklassierten Kleinbürgertum, aus dem Beamtenproletariat, aus den unteren Etagen des öffentlichen Dienstes, aus den neuen, unzufriedenen Angestelltenheeren, aus der arbeitslosen Intelligenz, aus einem Teil der gewerkschaftlich organisierten Arbeiterschaft. Die traditionell »radikalen« Prager Vorstädte waren das Milieu, in dem die Partei wuchs, jenes Milieu, wo die obere Unterschicht wohnte, die seit Auftreten des tschechischen Nationalismus ihre sozialen Minderwertigkeitsgefühle mit dem Zugehörigkeitsbewußtsein zur aggressiv auftretenden politischen Nation kompensiert hatte[104]. Kafka hat die soziale Topographie einmal beschrieben:

In unserem Hause, diesem ungeheuren Vorstadthause, einer von mittelalterlichen Ruinen durchwachsenen Mietskaserne ... in diesem Hause, in dem sich doch das Elend versammelt hat, das die Stadt auskocht, gibt es gewiß über hundert Leute ..., und er beschreibt eine Wohnung: *Der Schneider hat für sich, die Frau und sechs Kinder nur ein Zimmer, das gleichzeitig Küche ist. Überdies aber hat er noch einen Mieter bei sich, einen Schreiber von der Steuerbehörde. Dieser Zimmerbeleg geht doch ein wenig über das Übliche hinaus, das ja in unserem Hause schon arg genug ist ... Sie nennen ihn zwar Beamter, aber er kann nur ein kleiner Schreiber sein, der mitten in dem Nest des fremden Ehepaars und seiner sechs Kinder auf einem Strohsack am Boden die Nächte verbringt* (H 62).

Was für die Juden so fatal war: Wie die Christlichsozialen Wiens, so zeigten auch die tschechischen Nationalsozialisten das Profil einer echten Volkspartei; 1909 war Klofáčs Partei, betrachtete man es soziologisch, zweifellos *tatsächlich der Repräsentant der Nation*[105]. Auch der Rechtsanwalt Karel Baxa brachte es übrigens zu einer eigenen Partei, den »Radikalen Staatsrechtlern«, die jenen Teil des bürgerlichen Wählerspektrums an sich zog, dem die allmählich verbürgerlichten Jungtschechen jetzt nicht mehr chauvinistisch genug auftraten. 1911 sicherte ein Wahlkompromiß zwischen Nationalsozialisten und Jungtschechen ausgerechnet Karel Baxa denjenigen Wahlbezirks Prags, der in ganz Böhmen den höchsten Prozentsatz jüdischer Wähler aufwies, Prag Altstadt[106].

In diesem ersten Jahrzehnt des 20. Jahrhunderts erlebte der Kaiserkult der Juden, welcher seit dem März des Jahres 1849 florierte, als der 18jährige Franz Joseph die erste Emanzipation der Juden oktroyiert hatte (war nicht auch Kafka mit einem Habsburger-Vornamen ins Leben geschickt worden?), seine höchste Blüte. In diesem Zusammenhang hat man auch die aus der Kafka-Biographie bekannte, gemeinhin als lächerliches Parvenutum klassifizierte Begierde nach der Bekanntschaft mit *irgendeinem kaiserlichen Rat* (H 181), irgendeiner höheren Charge des österreichischen Establishments zu sehen, die ja nicht nur den Vater Herrmann Kafka, sondern die ganze Generation auszeichnete. (*Er verehrte,* so ein anderer böhmisch-jüdischer Sohn über seinen Vater, *sämtliche einflußreiche Persönlichkeiten der Monarchie in einem Maß, das seiner Intelligenz Hohn sprach. Seine Ehrfurcht erstreckte sich auf die Spitze der Beamtenschaft, sie schloß den hohen Klerus ein, ohne darum die Hochfinanz auszuschließen*[107].) Und tatsächlich, einmal kam eine tröstende Botschaft des Kaisers an die böhmischen Juden. Der Feldrabbiner Alexander Kisch, Onkel Egon Erwin Kischs, brachte sie von einer Audienz im Dezember 1899 mit:

Ich hatte den Mut und die Eingebung, als Seine Majestät im Laufe der Audienz auf meine Anspielung auf die schweren Tage, die gegenwärtig die Juden in Böhmen durchmachten, sagte: »Ja, Ihre Glaubensgenossen haben jetzt schwere Tage, aber es ist besser geworden« zu betonen: »Ja, sie haben *schwere Tage, Majestät«. Da sprach Seine Majestät, vielleicht von meinen Tränen nicht unberührt, mit Nachdruck die historisch gewordenen Worte:* »Ich bin sehr empört über diese Roheiten«[108].

Wie weit reichte solch ein »Kaiserwort«? Was besagte es über die tatsächliche Haltung des Staates? Fern, sehr fern stand der Kaiser, näher der böhmische Statthalter, auch er noch ein Hort unparteiischer Gerechtigkeit. Aber darunter, in dem verästelten Gerüst von Justiz und Verwaltung sahen die Linien für die Juden schon weniger eindeutig aus. Im ganzen niedrigen Beamtentum hatten die antiliberalen Kräfte nach 1900 schon den Marsch durch die Institutionen angetreten. Bei den Tschechen waren gerade diese subalternen Chargen die eifrigsten Träger des Chauvinismus, in Deutschböhmen hatten die Lehrer, Gemeindesekretäre, Finanzbeamten den Massenverband »Bund der Deutschen in Böhmen«, der all die unzähligen Handlungsgehilfen-, Angestellten-, Turnerverbände zur auf den Staat einwirkenden pressure group zusammenfaßte; integraler Bestandteil der Bundesideologie war das Bewußtsein von der Bedeutung der »Rassenfront«; viele Unterfiliationen führten den »Arierparagraphen« in ihren Statuten; der Staat konnte sie nicht daran hindern[109].

Es war der Zeitpunkt, wo (um mit Musils Kurzanalyse des österreichischen Antiliberalismus zu sprechen) *die einzelnen Schauer und Ströme des Neuen zu einem dauernden Regen zusammengeronnen waren*[110]. Darauf konnte man cholerisch reagieren wie Herrmann Kafka: *Du konntest zum Beispiel auf die Tschechen schimpfen, dann auf die Deutschen, dann auf die Juden, und zwar nicht nur in Auswahl, sondern in jeder Hinsicht, und schließlich blieb niemand mehr übrig außer dir . . .* (H 169); man konnte sich vollständig in eine synthetische Literaturwelt wegdenken, wie es die deutschjüdische Prager Literatur der Jahrhundertwende tat; man konnte versuchen, sich politisch und gesellschaftlich totzustellen und zu überwintern. Der Jahresbericht der (juristischen Beistand gegen Boykott und Verleumdung bietenden) Selbsthilfeorganisation »Österreichisch-Israelitische Union« von 1903 riet, die Juden könnten im Moment *nichts anderes tun, als . . . ruhig abzuwarten, bis aus dem Chaos unserer inneren Wirrnisse sich naturnotwendig neue Parteigruppen wahrhaft freisinnigen Charakters herausbilden. Wann der Zeitpunkt solcher Neubildungen eintreten wird, läßt sich heute kaum noch voraussehen . . .*[111]. In der »Betrachtung« Kafkas findet sich ein Satz, der diese Rückzugsstimmung in Worte faßt: *Deshalb bleibt doch der beste Rat, alles hinzunehmen, als schwere Masse sich verhalten und fühle man sich selbst fortgeblasen, keinen unnötigen Schritt sich ablocken lassen* ... (SE 12). Oder man konnte sich auf die noch kleinen, aber möglicherweise zukunftsträchtigen Lichtblicke konzentrieren, die es gab: Masaryks Realistische Partei, zu der jetzt das organisierte Tschechojudentum fast en bloc stieß. Oder die in den letzten Jahren vor 1914 erstmals sichtbaren Fühler zwischen dem Deutschjudentum Prags und der tschechischen Kultur. Da entstand ein neuer jüdischer Bohemismus, der in seinem Selbstverständnis weit ins 19. Jahrhundert zurückgriff, auf den Landespatriotismus der vierziger Jahre zurück, als die erste Generation der assimilierten jüdischen Intelligenz um ein böhmisches Heimatrecht geworben hatte. Die Begabung der Juden zu dem, was die Vulgärnationalisten bei Tschechen und Deutschen *bissel deutsch — bissel böhmisch* schimpften, begann in einem winzigen Sektor des kulturellen Lebens Früchte zu tragen, als die tschechische Avantgarde zum Deutschjudentum Prags Verbindungen suchte, weil sie dort Kosmopolitismus und europäisches Niveau erwartete im Gegensatz zu der provinziellen Dumpfheit der etablierten »patriotischen« Szene. Freilich, die neobohemistische Intelligenz der Werfel, Kornfeld, Fuchs, Pick täuschte sich, wenn sie aus dem ungewohnt sympathischen Echo in den Avantgardezirkeln der tschechischen Linken auf eine emotionale Umstimmung der ganzen Nation schloß. Selbst Max Brod, der doch zu den eifrigsten Förderern dieses Dialogs gehörte, attestierte den Tschechen noch 1918 *süffisante Ahnungslosigkeit und billige Verachtung*[112] gegenüber der jüdischen Problematik. Ein Lichtblick war die konsequente Abstinenz der tschechischen Sozialdemokratie vor jeder Ausnutzung der antisemitischen Konjunktur, auch dann, als Klofáčs Nationalsozialisten eine immer gefährlichere Konkurrenz darstellten. Im Reichstag erklärte der Vorsitzende Bohumil Šmeral Ende 1912:

Der Antisemitismus in welcher Form immer ... ist für uns identisch mit Reaktion. Nicht nur vom allgemeinen freiheitlichen Standpunkt, auch als Folge unserer wirtschaftlichen Beurteilung der Dinge. Der Antisemitismus führt das Denken der bedrückten und in der heutigen kapitalistischen Gesellschaft in ihrer Existenz bedrohten Menschen auf falsche Bahnen. Diese Menschen, wirtschaftlich verelendet und durch den Antisemitismus geblendet, sind dann nicht fähig, den eigentlichen, wirklichen Grund ihrer Lage zu begreifen. Sie können sich nicht zu einem systematischen Klassenkampf ... erheben, sondern nur gegen eine Einzelerscheinung, »den jüdischen Ausbeuter«[113].

Freilich, viel politische Macht besaß die Sozialdemokratie noch immer nicht. 1907 war in Österreich endlich das allgemeine und gleiche Wahlrecht eingeführt worden; die Sozialdemokratie glaubte die Machtübernahme greifbar vor sich zu haben. Aber die Hoffnungen auf ein sozialistisches Österreich erwiesen sich als trügerisch. Unter der Angst vor der *roten Gefahr* rückte das Bürgertum schleunig zusammen; die Christlichsozialen avancierten unversehens zur staatserhaltenden Reichspartei, zum möglichen Zentrum einer allnationalen Regierung des nationalen Burgfriedens[114].

Zu den erhabensten Gütern des deutschen Stammes rechnet die christlichsoziale Partei die christlich-deutsche Gesittung, die sich in der Heiligkeit der Ehe, des Familienlebens und der sittlich-religiösen Erziehung der Jugend widerspiegelt. Die Partei wird an diesen Grundpfeilern eines gesunden Volkslebens gegenüber den wütenden Anstürmen der vom jüdisch-freimaurerischen Geiste geleiteten Sozialdemokratie und ihrer Mitläufer ohne Wanken festhalten. Die christlich-soziale Partei wird dieses Programm eines wahrhaften sozialen und wirtschaftlichen Fortschrittes gegenüber den unter der Patronanz des Judentums und der jüdischen Presse verbündeten Parteien ihrer Feinde mit unbeugsamer Ausdauer vertreten. Sie vertraut fest auf die Tatkraft des zum Selbstbewußtsein erwachten christlichen Volkes[115].

So war im Wahlmanifest von 1907 zu lesen. Würde nun der plebiszitäre Cäsarismus, den die Lueger-Partei seit zwei Jahrzehnten erfolgreich in Wien praktizierte, getragen vom hemmungslosen Verbalradikalismus gegen die *Verjudung Wiens*, zur allgemeinen Regierungsform werden? Die Probe fiel aus, zunächst einmal, weil mit Luegers Tod 1910 die einzige charismatische Figur aus der politischen Szene verschwand. (Österreich verlor den *letzten großen Deutschen, den das Kolonistenvolk der Ostmark aus seinen Reihen gebar*[116], so Adolf Hitler, der dem Begräbnis beiwohnte.) Dann aber auch, weil die nationalistischen Parteien so sehr noch im Nebel der selbst erzeugten Phrasen standen, daß sie zu lange brauchten, um ihre Ideologie den gewandelten politischen Umständen anzupassen. Von 1907 bis 1914 war daher die unübersichtliche politische Landschaft Österreichs voller Möglichkeiten, und niemand vermochte zu sagen, welche sich am Ende siegreich etablieren würde.

Der »politische« Kafka dieser Jahre war, soweit man es aus den wenigen Indizien erschließen kann, ein vorsichtig-neugieriger Wanderer durch diese Landschaft: Er liest die »Zeit«, ein Wiener Forum, um das sich die wenigen Antichauvinisten von Deutschen und Tschechen scharen (Masaryk ist Mitarbeiter), beteiligt sich an einem Preisausschreiben des Blattes. Er besucht politische Veranstaltungen, hört den neuen Vorsitzenden der Jungtschechen Kramář sprechen, den tschechischen Sozialdemokraten Soukup, sogar Klofáč. Er trifft sich wieder mit dem Schulfreund Illowy, befreundet sich mit dem tschechischen Anarchisten Michal Mareš, besucht anarchistische Veranstaltungen, gastiert in tschechischen Gewerkschaftskreisen, hört sich Reden von Masaryks Realisten an, liest den realistischen »Čas« (Die Zeit)[117]. Was der Ausformung seines politischen Profils aber schließlich den entscheidenden Anstoß gab, war die Beschäftigung mit dem böhmischen Zionismus, der (im kleinen Kreis) in den Jahren der bürgerlichen Verfinsterung aufgeblüht war. Von den besonderen inneren Voraussetzungen für ein nationaljüdisches Votum wird unten die Rede sein; die äußeren Umstände waren nicht weniger prädestinierend. In Kafkas Freundeskreis fanden sich einige der stärksten Kräfte der neuen Bewegung, der Schulfreund Hugo Bergmann, die Cousins Weltsch, Siegmund Kaznelson, schließlich Max Brod. Seit 1907 erschien in Prag die zionistische »Selbstwehr«. Kafka wurde einer ihrer eifrigsten Leser[118]. Sie predigte den assimilierten Juden den radikalen Rückzug aus Deutschtum und Tschechentum auf eine neutrale Position, verlangte dafür die staatliche Anerkennung der Juden als *dritte böhmische Nationalität* und eine Minderheitengesetzgebung, die ein Lebensrecht jenseits der Machtabgrenzungen, Proporze, verhältnismäßigen Beamtenschlüssel und Ausgleiche garantierte. Am schärfsten polemisierte die »Selbstwehr« gegen die, wie sie meinte, schamlose Anpassung des assimilierten jüdischen Bürgertums an die Bedingungen einer antisemitischen Epoche. Denn ungeniert inserierten die jüdischen Firmen in den antisemitischen Zeitungen, ungeniert kauften sich jüdische Geschäftshäuser durch Spenden an Klofáčs Partei von deren Polemik frei, ungeniert verlangten auch viele jüdische Arbeitgeber aus Gründen zeitgemäßer Imagepflege den Taufschein. *Es ist eine oft beklagte Tatsache, daß jüdische Firmen besonders gerne Arier anstellen und ebenso Juden, die sich um freigewordene Stellen bewerben, ablehnen. Es ist hierfür einerseits der Antisemitismus der Asssimilanten, andererseits die Kriecherei vor dem Andersnationalen der Grund für dieses Besolden des Feindes*[119]. Ungeniert auch hatten die »jüdischen« Konzerne der Rothschild und Guttmann in Wien namhafte Beträge zur Errichtung eines Lueger-Denkmals gestiftet[120], ungeniert provozierten weiter die deutschtümelnden jüdischen Couleurstudenten durch demonstratives Auftreten in Prag den tschechischen Nationalismus; im Dezember 1908 mußte wieder einmal der Ausnahmezustand über Prag verhängt werden. Vielleicht aber war dieses Lavieren gar keine Charakterlosigkeit, sondern nur eine fortgeschrittene Entwicklung jenes spezifisch österreichischen Wirklichkeitssinnes, den rigoristische Kritiker als *Fortwursteln* denunzierten, den man aber auch als pragmatische Vorwegnahme einer künftigen Lösung der einstweilen unlösbaren Spannung zwischen den gesellschaftlichen Gruppen sehen konnte, so wie es Musil dann später tat, als er über *jene nationalen Kämpfe, die mit Recht die Neugierde Europas auf sich zogen*, referierte:

Sie waren so heftig, daß ihretwegen die Staatsmaschine mehrmals im Jahre stockte und stillstand, aber in den Zwischenzeiten und Staats-

pausen kam man ausgezeichnet miteinander aus und tat, als ob nichts gewesen wäre. Und es war auch nichts Wirkliches gewesen. Es hatte sich bloß die Abneigung jedes Menschen gegen die Bestrebungen jedes anderen Menschen ... in diesem Staat schon früh, und man kann sagen, zu einem sublimierten Zeremoniell ausgebildet, das noch große Folgen hätte haben können, wenn seine Entwicklung nicht durch eine Katastrophe vor der Zeit unterbrochen worden wäre[121].

Unverbesserliche jüdische Optimisten jedenfalls (und das waren die, welche das »Svuj k svému« ökonomisch überlebt hatten) meinten, wer *gute und preiswürdige Ware kaufen will, der wird weder einem Klofáč noch einem Baxa zuliebe schlechterer und teurerer Ware den Vorzug geben* ...[122]. Mit diesem »es wird nicht so heiß gegessen« pflegten auch die übrig gebliebenen liberalen Politiker ihre Kuhhändel mit dem Alldeutschtum zu bemänteln, wenn sie sagten, der Antisemitismus sei *auch dort mehr theoretisch, da seine Vorkämpfer die Juden zwar schmähen, aber wenn sie ihren Vorteil darin erblicken, bei Juden kaufen, sie als Ärzte und Advokaten zu Rate ziehen* ...[123]. Der Zionismus der »Selbstwehr« mußte es diametral anders sehen, er verstieg sich in konsequentem Pessimismus bis zur Forderung eines jüdischen »Svuj k svému« in Österreich.

Die am Vorabend des Weltkrieges (1912) immer wieder begonnenen, immer wieder unterbrochenen Verhandlungen über einen deutschtschechischen Ausgleich mußten die Zionisten voller Argwohn beobachten, da völlig ungeklärt war, wie bei der Verteilung aller Positionen an die Glieder der beiden Nationen die Nische der Juden aussehen sollte. Das Angebot des deutschradikalen Parteiführers Pergelt im österreichischen Parlament des Jahres 1908: *Die Deutschen verzichten auf die Unterstützung der Juden! Wir schenken sie den Tschechen!*[124], ließ jedenfalls nichts Gutes ahnen. Die deutsche Politik steuerte immer näher einer endgültigen Landesteilung in zwei konsequent einsprachige Machtsphären zu. Es fehlte nicht viel, und man konnte das ohnehin *fast bloß jüdische* Prager Deutschtum einer vorteilhaften Regelung des nationalen Ausgleichs opfern. Im selben Jahr bemerkte aber auch Masaryks Mitarbeiter Jan Herben: *Die Wahrheit ist, daß das tschechische Volk in seiner Mehrheit antisemitisch ist*[125]. Dazu die Aussicht auf den Thronfolger Franz Ferdinand: In Schloß Konopischt bei Beneschau, südlich von Prag residierte der Erzherzog, wartete mit unverhohlener Ungeduld auf den Tod des alten Kaisers und die Gelegenheit, die Monarchie umzukrempeln. Über den persönlichen Antisemitismus des zukünftigen Herrschers bestand kein Zweifel; er plante bereits, seine Regierung auf die nicht-sozialistischen Massenparteien zu stützen, in Wien auf die Christlichsozialen, die im Frühjahr 1914 einen triumphalen Wahlsieg errungen hatten, in Böhmen auf die tschechischen Nationalsozialisten, die es nur noch von ihrer antihabsburgischen Attitüde abzubringen galt[126]. Soeben, 1913/14, hatte der politische Skandal um den nationalsozialistischen Fraktionschef im Wiener Parlament, Karel Šviha, dem nachgewiesen wurde, im Sold des Thronfolgers zu stehen, die böhmische Politik erschüttert. Sviha deckte seinen Parteiführer Klofáč, der die Affäre unbeschadet überstand[127]. (Manches spricht dafür, daß Partikel dieses spektakulären moralischen Prozesses, in dem die Tschechen Švíhas bürgerliche und nationale Existenz vernichteten, in das Material zu Kafkas »Prozeß« Eingang gefunden haben[128].)

Isolierung, Korruption, Verrat. In dieser Situation klangen die Schüsse von Sarajewo wie ein Signal der Befreiung. Der Krieg erweckte ein großes Echo jüdischen Patriotismus' für die Sache Österreichs. *Die Judenschaft Österreich-Ungarn anerkennt den großen Wert militärischer Erziehung ... Wann immer des allerhöchsten Kriegsherren Ruf erfolgen sollte, wird er bei seinen jüdischen Soldaten mächtigen Widerhall finden*[129], so hatte 1911 das »Biographische Handbuch der in der k. k. öster.-ung. Armee gedienten Offiziere ... jüdischen Stammes« richtig prophezeit. Am lautesten äußerten sich die bewußt deutschen Juden. Das deutsch-jüdische Großbürgertum war nicht unberührt geblieben von dem geistigen Klima der letzten Vorkriegsjahre, wo in den Salons von Industrie und Kapital von der imperialistischen *Realpolitik* viel die Rede gewesen war, wo die Verherrlichung der Macht und der kühnen Entschlüsse und ein popularisierter Darwinismus und

Nietzscheanismus geblüht hatte. Bruno Kafkas (getaufter) jüdischer Parteifreund, der kluge und gar nicht martialische mährische Fabrikant Josef Redlich, eine bedeutende Figur des späten österreichischen Liberalismus, sprach nun im Sommer 1914 von der Gewalt als der Geburtshelferin der Geschichte und begrüßte die telefonische Nachricht vom Kriegsausbruch mit *Hurrah!*[130]. Kafkas bewußt deutschnational denkender Jugendfreund, der Kunsthistoriker Oskar Pollak, meldete sich sofort freiwillig und fiel 1915. *Hurrah* riefen aber auch die Juden an der Spitze der österreichischen Sozialdemokratie. Das Parteiorgan »Arbeiterzeitung« unterschied sich während des Sommers 1914 in der Sprache kaum von den deutschnationalen Blättern. 1916 attestierte dann Engelbert Pernerstorfer, deutschnationaler grand old man der österreichischen Sozialdemokratie, begeistert, die deutschen Juden hätten *sich im Kriege, wie wirs nicht anders gewünscht und erwartet haben, tapfer in unsere Reihen gestellt. Sie haben es getan trotz vielem Harten, das sie erleben mußten. In ihrem Herzen brennt eine echte heilige deutsche Vaterlandsliebe. Das sei ihnen in Zukunft unvergessen*[131].

Gedämpft, zerrissen, widersprüchlich klang das Echo bei den Tschechojuden. Zuerst hatten sie geglaubt, die peinliche Vieldeutigkeit ihrer politischen Position werde in einem »österreichischen« Aufbruch endlich in Harmonie aufgehen; darum die patriotischen Massenumzüge, deren Kritik im Tagebuch Kafkas eine Auseinandersetzung mit der Mehrdeutigkeit des böhmischen Judentums ist:

Patriotischer Umzug. Rede des Bürgermeisters. Dann Verschwinden, dann Hervorkommen, und der deutsche Ausruf: »Es lebe unser geliebter Monarch, hoch!« Ich stehe dabei mit meinem bösen Blick. Diese Umzüge sind eine der widerlichsten Begleiterscheinungen des Krieges. Ausgehend von jüdischen Handelsleuten, die einmal deutsch, einmal tschechisch sind, es sich zwar eingestehen, niemals aber es so laut herausschreien dürfen wie jetzt (T 420).

War das nicht auch eine Beschreibung der väterlichen Existenz? Auch ein anderer Tagebuchschreiber beobachtete die Szene, Masaryks rechte Hand, der Redakteur des »Čas«, Jan Herben:

Vorn ein Haufen jüdischer Burschen, zwischendurch hie und da ein älterer Mensch, der das Geschrei arrangierte, erst am Schluß ein paar ältere Juden. Zwei Jungen an der Stirn des Umzugs trugen eine schwarzgelbe und weißrote Fahne, die aneinander genäht war, und damit das Symbol noch bemerkbarer wurde, gingen hinter der Fahne weitere zwei Jungen, die sich an den Händen hielten: anscheinend ein tschechischer und ein deutscher Jude. Als sie an unserer Redaktion ... vorbeikamen, sangen sie Kde domov muj? (die tschechische Nationalhymne. Anm. d. Verf.). *Anscheinend wechselten sie auch tschechische und deutsche Lieder ab. Ich konnte nicht atmen, als ich diesen kriegerischsten der österreichischen Stämme sah*[132].

Das Klima zwischen Tschechen und Juden konnte bald nicht schlechter sein. Schon der russophile Rausch der Tschechen im Sommer 1914 mit seiner Hoffnung, alsbald vom großen slawischen Bruder befreit zu werden, zeitigte eine wachsende Entfremdung auch der endgültig tschechisch assimilierten Juden. Die Juden jeder Couleur fürchteten einen russischen Sieg mit gutem Grund; für sie war das Zarenreich jenes Land, wo der Pogrom als Mittel der Innenpolitik diente, das Land der Ausnahmegesetze und Ghettos. *Unser Vaterland war am schärfsten vom östlichen Feinde bedroht, dem barbarischen Rußland,* so schrieb Brandeis' jüdischer Kalender, *uns Juden ist die westliche Kultur der Sauerstoff, der allein uns kräftigen kann ... Nur eine verhältnismäßig kurze Zeitspanne hat uns unsere Segnungen erschlossen und nun sollen die Keime, die von den Ereignissen des 19. Jahrhunderts ... gepflanzt wurden ... von den russischen Horden zertreten werden*[133]. Auch Kafka, der bei Kriegsausbruch *Kleinlichkeit, Entschlußunfähigkeit, Neid und Haß gegen die Kämpfenden,* denen er mit Leidenschaft *alles Böse* wünscht, empfunden hatte, notierte nun im Herbst 1914 *Traurigkeit über die österreichischen Niederlagen* und *Angst vor der Zukunft* (T 420, 437).

Still bejahten viele Zionisten den Krieg, den sie jenseits politischer Überlegungen als existentielle Chance zur Überwindung der jüdischen Angst, als persönliche Bewährungsprobe betrachteten; sie gehörten zu den tapfersten Soldaten der österreichisch-ungarischen Armee. Lange vor dem Ersten Weltkrieg hatte Herzl die merkwürdigen Worte in sein Tagebuch notiert: *Wenn wir beim Ausbruch des nächsten Krieges noch nicht ausgewandert sind, müssen alle besseren Juden ins Feld ziehen ... und wenn sie in feindlichen Lagern stehen, auf einander schießen. Die einen mögen das für Tilgung einer Ehrenschuld ansehen, die anderen als Anzahlung auf unsere künftige Ehre, tun müssen es alle*[134]. Der böhmische Zionistenführer Hugo Zuckermann dichtete den populären Erfolgstitel »Österreichisches Reiterlied« und fiel für die Monarchie; die Zionisten der »Selbstwehr« schickten ihm einen Nachruf ins Grab, der ein heroisches Nationaljudentum in die Nähe eines heroischen Deutschnationalismus rückte.

Wieso kommt es, daß gerade Zuckermann, der bewußte Jude, der Dichter des besten deutschen Kriegsliedes ist ...? Wieso konnte Zukkermann dem deutschen Volke so aus der Seele singen und den richtigen Ton treffen? Wegen der unbedingten Geradheit seines Charakters und der beharrlichen Treue zum eigenen Volke. Deshalb verstand Zukkermann die Deutschen, deren Größe er als Jude zu bewundern vermag, und die Deutschen verstanden ihn[135].

Die zionistische »Selbstwehr« forderte im April 1916 ihre Leser ultimativ auch zu großzügiger Zeichnung der österreichischen Kriegsanleihe auf, sprach dabei von *grenzenloser Hingabe an die großen Ziele des Krieges, in welchem für uns Juden so viel auf dem Spiele steht*[136]. (Auch Kafka beteiligte sich.) Daß ausgerechnet Masaryk im Sommer 1914 das Land verlassen und offen gegen die Monarchie Stellung bezogen hatte, war für alle böhmischen Juden ein schwerer Schock gewesen. Denn die multinationale Monarchie war für die österreichischen Juden letztlich der instinktiv gefühlte notwendige Lebensraum, und die Sympathien waren Masaryk nicht nur wegen seiner Haltung in der

Polna-Affäre so reich zugeflossen, sondern auch deshalb, weil er bis 1914 ein bewußt pro-österreichisches Reformprogramm vertreten hatte. Nicht zufällig hatten zwei prominente böhmische Juden, Max Brod und Franz Werfel, Masaryk kurz vor seinem Verschwinden ins Exil verzweifelt beschworen, sein internationales Gewicht und seine engen Beziehungen zu den Südslawen in die Waagschale zu werfen, um einen raschen Kompromißfrieden zu erreichen; das Gespräch endete schroff und feindselig, denn Masaryk wies aus dem Fenster und beschuldigte die Prager Juden, tschechische Pazifisten an den Galgen zu bringen. Auch innerhalb der Realisten-Partei Masaryks gerieten die jüdischen Mitglieder ins Zwielicht. Ihre Haltung wurde spitzfindig als *nur tschechisch,* aber nicht *slawisch,* wie es die große Zeit forderte, bemängelt. Mit dem Beginn der Unterdrückung des tschechischen Hinterland-Defätismus durch die Polizei fügte sich ein neuer Schatten dem jüdischen Image hinzu: die Juden seien allesamt Denunzianten — so die communis opinio in Prag. Der Dolchstoßverdacht der Tschechen traf das gesamte jüdische Kollektiv so stark, daß sogar Masaryks Realistische Partei, zweifellos die intellektuelle Elite der Nation, im Frühjahr 1918 ihre jüdischen Mitglieder praktisch aus der Partei ausschloß[137].

Auf deutscher Seite war die Politik gegenüber den Juden sehr undurchsichtig. 1915 klang es aus dem Munde des prominenten westböhmischen Alldeutschen Iro sehr vieldeutig über die künftigen Aussichten der Juden:

Es wäre aber weit gefehlt, wenn wir jetzt, wo wir unbedingt den Zusammenschluß aller deutschen Elemente zum Aufbau einer neuen deutsch-österreichischen Politik benötigen, die Juden*frage aufrollten, die eine* Rassen*frage und keine* national-politische *Frage ist. Sie zu lösen, ist das gesamte Deutschtum berufen! Daß dies von Grund auf neu geschehen muß, ist sicher. Es wird sich künftig nicht halten, den Juden von vorneherein nur seiner Abstammung willen zu negieren. Es muß auch hier ein Ausgleich geschaffen werden, der darin bestehen wird, den Juden vor allem zu nationalisieren, d. h. ihn für die* *völkischen Zwecke des deutschen Gesamtvolkes zu erziehen und dienstbar zu machen. Es geht heute nicht mehr an, ihn als Staatsfremden zu betrachten. Der Krieg hat auch diesbezüglich einen Umsturz zur Folge: Wir können den Juden, der sich für unsere Sache im Felde schlug, nicht weiter* verallgemeinernd *als Staatsschmarotzer betrachten, er hat sich sein Recht, ein Teil von uns zu sein, erkämpft — nochmals:* in nationaler Beziehung. *Denn die Lösung der wirtschaftlichen und Rassenfrage ist vollkommen unabhängig davon — wer wird sie lösen? Jetzt, bei dem Streben nach unserer politischen deutsch-österreichischen Selbständigkeit, können wir uns mit diesem* Riesen*problem nicht befassen*[138].

Aber auch wenn das *Riesenproblem* einstweilen auf die Warteseite geschoben war, so konnte man sich ausrechnen, unter welchen moralischen Koordinaten es einmal angepackt werden würde. Max Brod analysierte 1918 anläßlich einer deutschnationalen Verlautbarung in der »Bohemia« über die Kriegsziele, worin die *geschickte Verteidigung der Interessen des eigenen Volkes* ausdrücklich zur alleinigen Maxime erklärt worden war: *Wenn man das Interesse des eigenen Volkes und seine »geschickte Verteidigung« als schlechthin geltendes, allerhöchstes Gesetz annimmt, über dem keine Instanz der ... Gerechtigkeit anerkannt wird, wenn man jeder politischen Inkonsequenz und Unbilligkeit ... höchstens den Rang eines Schönheitsfehlers zubilligen mag ... dann verdient man nichts anderes als die Greuel, in denen wir heute ersticken ...*[139].

Als im November 1916 der Kaiser starb, erschrak nicht nur das bürgerliche Judentum, die Väter-Generation, in deren Leben Franz Joseph als eine gleichsam ewige, unwandelbare Sicherheitsgarantie fungiert hatte, auch die jungen Nationaljuden um die »Selbstwehr« trauerten um den *Leidensfürsten und gütigen Herrscher,* der das jüdische Volk *stets mit huldvollem Wohlwollen bedachte*[140]. Den Tod des Kaisers konnte man als Symbol empfinden; von überall mehrten sich die Indizien dafür, daß die Juden als Blitzableiter der sozialen Wut über Hunger, Kriegselend, Kriegswucher und Schiebertum würden dienen müssen. Den Zionisten schien es klar, daß der *kommende Krieg* erst noch bevorstehe: der mit dem Kriegsende erwartete terroristische Massen-Antisemitismus *aller* Nationen. Dem vorzubeugen galten Verhandlungen, die der böhmische Zionismus, in der Mitte Kafkas Freund Max Brod, in den letzten Kriegsjahren mit tschechischen Parteipolitikern begann[141]. Freilich, falls es überhaupt einen positiven Ertrag oder Zusicherungen irgendwelcher Art gegeben haben sollte, so schlugen sie sich nicht im öffentlichen Klima nieder. Im August 1918 veröffentlichte die »Selbstwehr« folgenden Appell:

Die Verhältnisse in Prag sind unerträglich geworden. Für uns bleibt die Tatsache bestehen, daß wir von Haß so eng umkreist sind, daß wir keinen Weg gehen können, ohne diesem widerlichen Ausdruck nationaler Gehässigkeit zu begegnen. Uns Nationaljuden, die wir vollstes Verständnis für den Emanzipationskampf eines Volkes hegen, erscheint es als so ganz eigen, wenn wir sehen, wie neben weitgesteckten nationalen und kulturellen Zielen so niedrige Instinkte Platz finden können ... An die führenden Männer des tschechischen Volkes wenden wir uns mit der Aufforderung, den unseligen Gehässigkeiten ein Ende zu bereiten ... Heute ist es in Prag unerträglich[142].

Es ist diese Zeit, in der Franz Kafka mit Unterbrechungen auf dem Gut seiner Schwester Ottla im deutschböhmischen Zürau lebt und für die Zeit nach dem Krieg erwägt, als Pensionär eine Existenz als Kartoffelbauer anzufangen. Die Zeit drängte. Für jenen, der die Verquickung der jüdischen Problematik in die soziale Frage aus der jüngeren böhmischen Geschichte kannte, mußten die Zeichen auf Sturm stehen. Seit Beginn des Jahres 1918 kam es immer häufiger zu Streiks und Arbeiterunruhen wegen der schlechten Versorgungslage; trotz Demonstrationsverbot war es in den Prager Vororten zu Plünderungen gekommen[143]. Und gleichzeitig zeigte sich das deutschjüdische Großbürgertums Prags bisweilen immer noch in provozierender großdeutscher Attitüde. Noch im März 1918 sandte Bruno Kafka einen geharnischten Protest nach Wien, weil die Hofoper Leo Janačeks »Jenufa« aufgeführt hatte; Kafka sah den *deutschen Charakter* der Reichshauptstadt bedroht[144].

Im Oktober 1918, als die habsburgischen Embleme aus dem Straßenbild Prags verschwanden, soll ein alter Jude melancholisch ausgerufen haben: *Wer wird uns nun schützen?*[145] Des Schutzes bedurften die Juden dringend. Mit geringer, durch den nationalen Freudentaumel verursachten Verzögerung setzte bei den Tschechen eine wachsende antisemitische Springflut ein, die sich wenig hindern ließ durch programmatische Erklärungen zur Judenfrage, die der Schöpfer des neuen Staates, Masaryk, noch von Amerika aus abgab: *Die Juden werden dieselbe Gleichberechtigung genießen wie die übrigen Bürger unseres Staates*[146]. Als Masaryk — nun schon Präsident — in seiner ersten Ansprache an die Nation im Dezember eine Warnung vor jeder Judenfeindschaft einbringen wollte, scheiterte dies am Widerstand der tschechischen Parteien. Neben der immer und immer wieder aufgewärmten Denunziantenlegende spielte der Vorwurf des Kriegsgewinnlertums und Kriegswuchers eine große Rolle, den vor allem die mächtige Agrarpartei virtuos zur Ablenkung von eigenen diesbezüglichen Sünden einsetzte. Wie mächtig der feindselige Wind wehte, geht daraus hervor, daß selbst Kafkas zukünftiger Schwager, Ottla Kafkas christlicher Verlobter Josef David, sich mittreiben ließ. Ottla schrieb ihm im Oktober 1918 traurig: *Die Juden, d. h. vielleicht ein gewisser Teil und vielleicht der größere, tun gewiß auch jetzt, was sie nicht tun sollten, aber bestimmt kann man so nicht von allen sprechen, und das weißt Du sicher auch, Ich möchte aber nicht, daß Du nur mich ausnimmst, damit könnte ich nicht zufrieden sein*[147]. Hungerkrawalle und Plünderungen richteten sich fast nur gegen den jüdischen Handel; in Kolín, wo Kafkas Onkel Philipp einen Laden hatte, stürmte im Mai 1919 eine tausendköpfige Menge die jüdischen Geschäfte[148]. In Prag versuchte der großstädtische Chauvinismus, die seit 1848 immer wieder proklamierte *Reinigung* der Hauptstadt von den Symbolen des Deutschjudentums in Szene zu setzen. Am 1. Dezember 1918 kam es zu ersten Ausschreitungen gegen deutsche Passanten, wobei *wiederholt Rufe laut wurden: »Hängt die Juden auf!«*[149] Jüdische Passanten wurden, auch wenn sie nicht Deutsch sprachen, wegen ihres jüdischen Aussehens attackiert (... *so ist der Ausspruch eines tschechischen Offi-*

ziers verbürgt, daß schon jüdisches Aussehen eine Provokation sei)[150].

Nun tauchten vorsichtig in der öffentlichen Meinungsbildung wieder politische Nebelkreise auf, in denen von Sonderrecht und Enteignung der Juden gefaselt wurde, von *Reinigung unseres Lebens von asiatischer Pest*. Die Zionisten argwöhnten schon eine *Nebenregierung des Hasses* am Werk. Im Mai 1919 wurden jüdisch aussehende Passanten in der Prager Innenstadt geschlagen, im September fanden sich die Prager Juden von Flüchen und Flegeleien in Gassen und Parks, in der Elektrischen und in Lokalen eingekreist[151]. Und schließlich gerieten die Juden doppelt in die Schußlinien des beginnenden Klassenkampfes, der sich in der ČSR auf eine Entscheidung zuzuspitzen schien; die bürgerliche Regierung setzte im Dezember 1920 die Armee gegen den politischen Streik fast einer Million Arbeiter ein. Die neue kommunistische Partei begrüßte zynisch die antisemitische Welle als prächtiges Stimulans der Sozialrevolution: *Soll es zu Pogromen kommen, gut,* so das kommunistische Parteiblatt »Rude pravo« im Herbst 1920. *Man soll sie so durchführen, daß man den jüdischen Kapitalisten ... ihr ganzes Vermögen konfisziert. Wir werden es aber entschieden nur als Anfang der allgemeinen Enteignung der Reichen ansehen ... Damit die Sache aber sympathischer ... wird, kann man ruhig bei den reichen Juden beginnen*[152]. Auf der anderen Seite stimmte die bürgerliche Presse in den (in ganz Mitteleuropa zu diesem Zeitpunkt gängigen) hysterischen Chor der Denunziation der Juden als vermeintliche Drahtzieher des Weltkommunismus ein und drohte unverhohlen mit Pogromen als Rache:

In unserer Republik, so hieß es da zum Beispiel im September 1920, *ist niemand für Pogrome begeistert. Niemand tut den Juden etwas zuleide ... Aber wenn sie diese Freiheit zur Erschütterung der Verhältnisse mißbrauchen sollten, dann müssen sie darauf vorbereitet sein, daß sich unser Volk das nicht gefallen läßt. Wir warnen noch im letzten Augenblick die Juden, ihre auswärtigen Glaubensgenossen nicht nachzuahmen und sich nicht an die Spitze des Bolschewismus zu stel-*

len. Tun sie es doch, dann werden sie sich ihr Schicksal selbst bereiten[153].

Und im Oktober rief der agrarische »Venkov« [Das Land] sogar:

Wenn wegen der ausländischen Juden auch nur ein Haar auf unserem Haupte gekrümmt wird, wird das tschechische Volk alle jüdischen und halbjüdischen Führer ... im wahrsten Sinne des Wortes zerstampfen, und in der ganzen Republik werden Pogrome ausbrechen, wie sie die Welt noch nie gesehen hat. Wir rufen der Provinz zu: Seid bereit bis zum letzten Mann[154].

Endlich, im November 1920, entlud sich die monatelange Hetze in schweren antisemitischen Ausschreitungen in Prag. Am Abend des 16. November 1920 stürmten die Massen das jüdische Rathaus, verwüsteten das jüdische Archiv, zertrampelten die Thorarollen auf der Straße. Prags Gassen waren erfüllt von *wüsten Drohungen gegen die Juden, die Menge im Begriffe in die jüdischen Wohnungen zu dringen*[155]. Drei Tage lang widerhallten die Straßen der inneren Stadt von den Protestkundgebungen des *Pöbels in Lackschuhen, der auf dem Deutschen Haus die blau-weiß-rote Fahne hißt, die Redaktionen der deutschen Zeitungen verwüstet, deutsche Schulen und Vereinslokale nach versteckten Kaiserbildern durchsucht und deutschsprechende Passanten verprügelt ... und vor der »Alt-Neu-Schul« brennen einen ganzen Tag lang kleine Scheiterhaufen aus hebräischen Pergamenten ...*[156]. Kafka berichtete an Milena:

Die ganzen Nachmittage bin ich jetzt auf den Gassen und bade in Judenhaß. Prašivé plemeno [d. h. räudige Rasse] *habe ich jetzt einmal die Juden nennen hören. Ist es nicht das Selbstverständliche, daß man von dort weggeht, wo man so gehaßt wird (Zionismus oder Volksgefühl ist dafür gar nicht nötig)? Das Heldentum, das darin besteht, doch zu bleiben, ist jenes der Schaben, die auch nicht aus dem Badezimmer auszurotten sind. Gerade habe ich aus dem Fenster ge-*

schaut: berittene Polizei, zum Bajonettangriff bereite Gendarmerie, schreiende auseinanderlaufende Menge und hier oben im Fenster die widerliche Schande, immerfort unter Schutz zu leben (M 240 f.).

Der Prager Bürgermeister, der Karel Baxa der Hilsner-Affäre, nannte die antisemitischen Demonstrationen eine *würdige Manifestation des Staatsbewußtseins*[157].

Bis in die Stille des Sanatoriums im slowakischen Matliary, wohin Kafka im Dezember 1920 ging, folgte ihm das *Staatsbewußtsein;* es trat auf in der Gestalt eines schwerkranken chauvinistischen Fräuleins: *So verloren zu sein zwischen Ungarn, Deutschen und Juden, alle diese zu hassen und wie zum Beispiel das Fräulein außerdem schwer krank zu sein, das ist nicht wenig* (O 105). Kafka kostete die Situation gründlich aus:

Entzückt war ich damals nur von einem Ausspruch, den sie damals nicht zu mir, sondern zu jenem gefälligen Herrn getan hatte: die ihr liebste Zeitung sei der Venkov, und zwar wegen der Leitartikel. Ich beschloß die Enthüllung . . . erst dann vorzunehmen, wenn sie etwas auf keine Weise mehr Gutzumachendes gesagt haben würde; dann würde ich von ihr befreit sein. Aber es zeigte sich, daß mein erster Eindruck . . . übertrieben war, daß sie ein armes freundliches Wesen ist, sehr unglücklich . . . hat mich auch nach der Enthüllung nicht »ausgerottet«, sondern war noch ein wenig freundlicher zu mir, wie auch ich zu ihr . . . (O 107).

Das Erlebnis Kafkas in Matliary nahm eine Entwicklung vorweg, die wenig später auch die tschechoslowakische Gesellschaft kennzeichnen sollte. So kritisch die Situation noch Ende 1920 ausgesehen hatte, so rasch änderte sich in den zwanziger Jahren das Bild. Der von den Zionisten während des Weltkriegs befürchtete große Pogrom blieb aus; die ČSR wurde nicht zum Schlachtfeld des Judenhasses wie die meisten anderen Nachfolgestaaten der Monarchie. Der Hauptgrund dafür lag in der bald einsetzenden wirtschaftlichen Prosperität, die synchron ging mit der Konsolidierung von Masaryks Macht im Lande. Es erwies sich aber auch für die Juden als unerwarteter Glücksfall, daß ausgerechnet dem integren Außenseiter der tschechischen Vorkriegspolitik die Staatsgründung gelungen war. *Jetzt endlich begreift das Volk, wer dieser Verderber der Jugend, von den Juden und Deutschen gekaufter kalter Antipatriot und Verbreiter giftiger Ideen ist*[158]. Allzu gut wußten aber auch die anderen Manager des frisch etablierten Staatswesens, wie labil die Legitimität des neuen Machtgebildes noch war, wie dringend notwendig es des Rückhalts in der öffentlichen Meinung der siegreichen westlichen Demokratien bedurfte, wo es sich als osteuropäische Schweiz darzustellen versuchte. Das chauvinistische *Staatsgefühl* zog auch aus dem Ausbleiben der Rache an den unbequemen Juden noch eine merkwürdige Befriedigung: *Wie wäre es leicht gewesen, einige hundert Juden zu erschlagen! Und wie groß war es, daß ... wir uns nicht mit einem einzigen Schlag befleckt haben*[159]. Václav Klofáč, Chef der tschechischen Nationalsozialisten, scheute sich nicht, die Motive für das Stillehalten seiner antisemitischen Partei in schöner Offenheit darzulegen: *Viele Juden haben während des Krieges große Verbrechen verübt. Wir dürfen ... nicht vergessen, daß die Juden sehr einflußreiche Ratgeber der Ententestaatsmänner wie Wilsons sind. Ein rücksichtsloses Vorgehen in dieser Frage könnte einen Rückschlag zur Folge haben*[160].

Mit der Möglichkeit zum Bekenntnis einer *jüdischen Nationalität*, welche die tschechoslowakische Verfassung eröffnete, gelang Masaryk dann endlich die Neutralisierung der jüdischen Problematik im Nationalitätenstaat. Dahinter steckte nicht nur Taktik; Masaryk war seit langem persönlicher Befürworter eines offenen Nationaljudentums gewesen[161]. In den antisemitischen Krisenjahren zwischen 1918 und 1920 wanderten etwa viertausend Juden aus der ČSR nach Palästina aus. Von da an bis zum deutschen Überfall im Jahre 1939 waren es nur noch knapp sechstausend[162]; es gab keinen spezifisch jüdischen Grund mehr, diesem Staat den Rücken zu kehren. Der organisierte tschechoslowakische Zionismus erfüllte vor allem die Funktion eines beschützenden Mantels um die verbliebenen deutschsprechenden jüdischen Minderheiten im tschechischen Umland, besonders in Mähren. Dies gelang um so besser, als auch die Funktionäre des Zionismus nach 1918 rasch die Sprache der politischen Konjunktur der *Entösterreichung* zu sprechen gelernt hatten. Verdrängt war das pro-österreichische Engagement während des Weltkriegs. Kafkas Freund Hugo Bergmann, nun aktiver zionistischer Unterhändler in den Pariser Friedensverhandlungen, sprach im März 1919 zum Fenster hinaus:

Die Revolution vom 28. 10. hat den vollständigen Bankrott der Assimilation offenbart. Sie wissen, wie die alte österreichische Regierung die Loyalität der Juden dazu mißbraucht hat, um mit ihrer Hilfe die kleineren Nationalitäten zu unterdrücken. Die Juden wurden in Böhmen und Mähren als Deutsche gegen die Tschechen ausgespielt. Natürlich wandten sich dann die durch die Revolution befreiten kleineren Völker in erster Linie gegen die Juden, in denen sie die Repräsentanten des alten österreichischen Geistes sahen[163].

Bei der Volkszählung von 1921 bekannten sich 57 % der in der Tschechoslowakei ansässigen Juden zur jüdischen Nationalität[164], wobei der Prozentsatz in Böhmen freilich weit niedriger lag als in den neu hinzugekommenen Schwerpunkten jüdischer Siedlung in der Slowakei und in Karpathorußland. Denn in Böhmen bot bald auch die Deklarierung zum »deutschen Juden« die Möglichkeit einer politischen Nische. Die neue ČSR, trotz Masaryks Intentionen letztlich ein Machtinstrument des tschechischen Bürgertums zur Alleinherrschaft in den böhmischen Ländern[165], befand sich nun in einer Verteidigungsstellung gegen die staatsrechtlich gefährliche Opposition der unfreiwillig in das Staatsgebilde gebannten Sudetendeutschen. Eine bevorzugte Behandlung der politisch ungefährlichen Minderheit der deutschen Juden kam da wie gerufen als propagandistisch nutzbares Kosmetikum der Nationalitätenpolitik. Kafka selbst ist ein Beispiel; er führte seine gute Behandlung durch den neuen tschechischen Direktor der Versicherungsanstalt nach 1918 auf die nämlichen Gründe zurück, auf seine Rolle als »Paradejude«: ... *allerdings haben dabei auch politische Gründe mitgespielt, denn er konnte den Deutschen gegenüber sagen, er habe einen der ihrigen außerordentlich gut behandelt, aber im Grunde war es doch nur ein Jude*! (Br. 308).

Der deutschjüdische Mittelstand Prags machte erstaunlich schnell seinen Frieden mit den ungewohnten neuen Verhältnissen. Das »Prager Tagblatt« vor 1918 tschechenfeindlich, schwenkte schon im Winter 1918/19 auf eine kaum verhüllte Linie des Einverständnisses mit der tschechoslowakischen Staatsidee ein; kein Wunder, die drohende Zweiteilung des Landes wäre verhängnisvoll gewesen für die wirtschaftlichen Interessen; außerdem: die neue Republik befand sich im Lager der Siegermächte, Deutschland nicht. *Umorientierung* war das Leitmotiv des jüdischen Geschäftslebens in den ersten Nachkriegsjahren. Herrmann Kafka fügte dem r in seinem Vornamen wieder den haček seiner tschechojüdischen Anfangsjahre hinzu; auf dem Geschäftspapier des neuen, neu-alten Heřmann Kafka wandelte sich der Eichenzweig, auf dem die Kafkasche Dohle gesessen hatte, in ein unter nationalsemantischen Gesichtspunkten weniger eindeutiges Gewächs[166]. Wurden es slawische Lindenblätter? Kafkas Vater konnte auf ein stets in vorsichtiger Bereitschaft gehaltenes Tschechentum zurückgreifen. Sein und seinesgleichen Slogan war das geflügelte *Nám Čechum se nic nestane* [uns Tschechen geschieht nichts]. Andere, nicht so Glückliche, behalfen sich nicht weniger findig:

Als Beispiel dessen, wie die Juden ohne jede Schüchternheit eine brenzlige Situation lösen, dienen ihre öffentlichen Annoncen seit dem Umsturz ... Herr Abeles, welcher bis zum Umsturz in beiden Landessprachen ausrief, daß er Eigentümer eines Kommissionsgeschäftes sei, befestigte nach dem Umsturz auf dem Haus einen Anschlag mit der Überschrift »Agency«, welche diskrete Sprache nicht sein nationales Inneres enthüllt ... Der König aller Schlaumeier ist der Kaffetier, der über seine Garderobe die neutrale Beschriftung »Garderob« aufhing, deren verräterische Endung er mit gutem Gewissen abgeschlagen hat, damit seinen Gästen überlassend, ob es eine tschechische »Garderoba« oder eine deutsche »Garderobe« sei[167].

Franz Kafka traf ein solches Exemplar ungenierter Anpassung 1920 in Meran, einen Prager Juden, *der bis zum Umsturz (im Vertrauen) Mitglied sowohl des Deutschen Hauses als der Městanská Beseda gewesen ist, jetzt nur mit großer Protektion die Entlassung aus dem Kasino durchgesetzt hat (Streichung bis zur vollkommenen Unlesbarkeit) und seinen Sohn sofort in die tschechische Realschule hat übertreten lassen, er wird jetzt nicht deutsch und nicht tschechisch können, wird er bellen. Gewählt hat er »nach seiner Konfession« natürlich. Aber das alles charakterisiert ihn gar nicht, berührt seinen Lebensnerv nicht von der Ferne, es ist ein guter, lebendiger, witziger, begeisterungsfähiger alter Herr* (Br. 270). Es war wie eine Neuauflage des jüdischen Pragmatismus aus der »Svuj k svému«-Zeit. Aber die kam nicht wieder; wenn die jungtschechischen »Národní listy« nach 1918 im ersten Rausch des Herr-im-Haus-Gefühls gewettert hatten: *Der geschlagene Feind erhebt wieder sein Haupt ... auch im wirtschaftlichen Leben. Er vermeint, daß er durch das Befestigen der slawischen Trikolore an der Brust und in den Auslagen das tschechische Volk genügend betrogen hat, um jetzt daran zu denken, uns wirtschaftlich zu beherrschen*[168], so setzte sich in den zwanziger Jahren bald eine positivere Betrachtung der jüdischen Rolle im Wirtschaftsleben durch. Die jüdischen Banken und Großhandelshäuser waren es nämlich, die an erster Stelle die Verbindungen zu den Nachfolgestaaten der Monarchie retteten und damit die Vorteile des weiten altösterreichischen Wirtschaftsraums für die neue Republik sicherten[169].
Soweit es sichtbaren Antisemitismus in der ČSR gab, beschränkte er sich auf das politische Leben der Deutschböhmen, nun Sudetendeutschen. Sichtbarster Gradmesser war die Stimmung an der deutschen Universität in Prag. Im November 1922 begann mit dem Proteststurm der völkischen Studenten gegen die Wahl des jüdischen Rektors Steinherz an der Prager deutschen Universität die bald ganz Mitteleuropa

überschwappende antisemitische Studentenbewegung unter dem *numerus-clausus*-Slogan. Sie richtete sich gegen die rapide wachsende Zahl jüdischer Studenten aus den östlichen Teilen der Republik, rollte in den heute vertrauten Formen studentischen Protestes (Hörsaal- und Institutsbesetzung, Vorlesungsstreik, Flugblätter, Wandparolen) ab, forderte studentische *Mitbestimmung* (um die Berufung jüdischer Dozenten zu verhindern) und erwies sich bald als Auslöser einer zuerst Österreich, dann Deutschland, schließlich Ungarn und Polen anstekkenden antisemitischen Erhitzung der Universitäten[170]. Überall sympathisierten die meisten Professoren mit den Studenten; in Prag hatte der Dekan der medizinischen Fakultät verlangt, *daß die Universität im deutsch-arischen Geiste geführt werde und daß alle Nichtarier bloß Gäste seien, die ihre Gastpflichten nicht zu vergessen hätten.* Anders aber als das Österreich der Jahrhundertwende ließ sich der nun konsolidierte neue Staat die Aushöhlung der Rechtsstaatlichkeit nicht gefallen. Nach einer Woche akademischen Bürgerkriegs mußten die antisemitischen Studenten aufgeben; die tschechoslowakische Regierung hatte gedroht, die deutsche Hochschulautonomie anzutasten; das war den Streikenden noch unangenehmer als die *Verjudung*. Mit einem bösartigen Appell endete die Prager Bewegung »Schutz der deutschen Kultur«:

Wir haben durch unser Auftreten den jüdischen Drahtziehern für das nächste Jahrdutzend wohl die Lust benommen, an die Spitze einer deutschen Universität einen Feind des Deutschtums zu stellen. Der größte Erfolg unseres bisherigen Kampfes liegt vielleicht darin, daß auch der Gleichgültigste unter uns die Gefahr des Judentums in ihrer ganzen Größe erfaßt und die Überzeugung erworben hat, daß es für den Deutschblütigen nur eine Lebenslösung gibt: Die Ketten zu zertrümmern, in die die Auserwählten eines verbrecherischen Gottes unser armes Volk geschlagen.

1920 hatte Kafka zu Janouch gesagt: *... die nach Prag kommenden deutschen Studenten, das sind nur Vorposten einer vordringenden*

Macht, Feinde (J 34). Sie sprachen die Parolen der »Deutschen Nationalsozialistischen Arbeiterpartei«, die, aus den Anfängen der alten völkischen Arbeitervereine gewachsen, nun nach 1918 großen Aufwind erhielt, eine Partei der jungen Generation wurde. Ihr Ideologe Rudolf Jung hatte 1919 seinen »Nationalen Sozialismus« veröffentlicht, der in der Betrachtung der »Judenfrage« den bösartigen Tenor von Hitlers »Mein Kampf« vorwegnahm. Und schon hatten die deutschböhmischen Nationalsozialisten begeistert das Grollen registriert, das aus München herübertönte: *Der dort in München, so hörte man bald, debattiere nicht viel und schreibe noch weniger, aber seine mächtigen roten Plakate klebten an allen Straßenecken und seine Versammlungen seien überfüllt. In ihnen werde kein Kompromißlertum gezüchtet, sondern der radikale Kreuzzug für Deutschlands Erneuerung gepredigt ... Hier wurden wir verstanden*[171]. Im August 1920 hatten sich erstmals in Salzburg die Führer der DNSAP mit Hitler getroffen.

Im September 1923 zog Kafka zu Dora Diamant nach Berlin. Er verließ ein kalmiertes Böhmen (Masaryk schloß wenig später die leidigen Diskussionen der jüdischen Frage ex kathedra mit dem Satz, daß *Völker sich ja nicht unbedingt lieben müßten, um zusammenzuleben)*[172], um sich in einem bösen Deutschland anzusiedeln. Der Herbst des Jahres 1923 hatte in ganz Deutschland eine Welle gewalttätiger Judenfeindschaft gebracht; Anfang November erlebte die deutsche Reichshauptstadt den ersten Pogrom ihrer Geschichte, eine Straßenjagd auf »jüdisch« aussehende Personen, Gewalt und Mord. *In den Straßen Berlins hat ein Judenpogrom stattgefunden*, schrieb Kafkas Freund Robert Weltsch in der Berliner »Jüdischen Rundschau« *die von Haß verzerrten Gesichter, die auf das Judengespenst stieren, die ungetrübte Einigkeit der Judenfeindschaft, die Zustimmung weitester Kreise der Bevölkerung zu den erbärmlichsten Schandtaten gegen Juden zeigt uns, daß wir Juden heute fast vogelfrei geworden sind.*
Zwei Tage vor Hitlers Münchner Putsch riefen die deutschen Gewerkschaften ihre Mitglieder auf:

Der große Sturm auf das Berliner Judenviertel ist sorgfältig und mit kühler Berechnung von deutsch-völkischen Demagogen vorbereitet worden, um die zerfahrene politische Lage in Deutschland katastrophal zu steigern und die Massen den dunklen Zwecken des Faschismus nutzbar zu machen. Die deutschvölkischen Führer wollen nicht allein gegen die Juden aufwiegeln, sie wollen zugleich durch diese Ausschreitungen den Beweis führen, daß nur eine Rechtsdiktatur den Bürgerfrieden in Deutschland noch sichern kann[178].

Kafka schrieb aus Berlin nach Böhmen:

Wäre ich damals nicht weggefahren, jetzt gewiß nicht. Ja, bin ich denn überhaupt weggefahren? Wie ich vor den Aufschriften gezittert habe und wie ich jetzt noch zittere tagtäglich fast ... Und dabei ist alles buchstäblich wahr im allgemeinen, aber im besonderen doch nicht und darauf kommt es an ... (O 144).

IV

Jude, Antisemit, Zionist Kafka

Kafka lebte als Jude in der Epoche des Antisemitismus. Und er litt am Körper, am Beruf, an Vater und Familie, am Milieu, an Prag, an der Zeit. Die besondere Art, wie er sein Leiden formulierte, ebenso die Wege, auf denen er glaubte ihm begegnen zu können, weisen auf die radikale Ausprägung des Syndroms von *jüdischem Antisemitismus und Produktivierungsmythos* hin, welches charakteristisch ist für die assimilierten Angehörigen des jüdischen Bürgertums jener Zeit, auch die Verleugner der Assimilation, die Nationaljuden, hingen zutiefst damit zusammen[1]. Was geschah da? Man muß zum Verständnis in die Generation der Großväter, in die Generation Jakob Kafkas zurückblicken: Die Juden, die sich vor der Assimilation kaum am Wertsystem der sie umgebenden christlichen Gesellschaft orientiert hatten, deren Prestigekoordinaten sich an das jüdische Gesetz und das jüdische Wissen geknüpft hatten, lernten, als sie aus der Zwangsgemeinschaft des Ghetto einmal entlassen waren, sich mit anderen Augen zu sehen. Das Ghetto, das war auch, trotz Angst und Demütigung von außen, *Meine Gefängniszelle – meine Festung* (H 421) gewesen. Nun wurde den Juden mit verfassungsrechtlichen Mitteln der Weg in die bürgerliche Gesellschaft geöffnet, aber dieser Akt wurde vom Staat und nicht von der Gesellschaft gesetzt, und je weiter das 19. und 20. Jahrhundert sich vom Zeitpunkt der Emanzipation entfernten, desto ungewisser war es, welcher Prozentsatz der Bevölkerung bei einer allfälligen neuen Abstimmung über die Emanzipation sich positiv entscheiden würde. Die Gesellschaft begegnete ihnen mit einem negativen Stereotyp »des Juden«, das, aus vorindustrieller Zeit übernommen, in der bürgerlich-kapitalistischen Epoche sein Muster modernisierte. Und doch schien es keinen andern Weg aus dem Scheinwerferlicht des Vorurteils zu geben, als die Assimilation weiterzugehen. So ergab sich, daß die Juden als schwächere, ständig bedrohte Gruppe die Fremdstereotype parallel zum Grad ihrer Assimilation übernahmen. Der straffe Gruppenzusammenhang des Ghetto wurde zerrissen, aber Familienbindungen und Kontakte zwischen Juden (*Alt-Neu-Synagoge gestern. Kol Nidre. Gedämpftes Börsengemurmel*, T. 71) spielten weiterhin eine größere Rolle als die Berührungen mit der nichtjüdischen Welt. Dem daraus folgenden Vorwurf der doppelten Loyalität hatten die Juden nichts entgegenzusetzen als eine selbstquälerische Beschäftigung mit der eigenen Gruppe unter jenen Aspekten, die von der Mehrheit vorgezeichnet wurden. Das ist die Wurzel der radikalen Kritik der Juden an den anderen Juden, die bei dem robusten Herrmann Kafka noch trivial als ein Um-sich-schlagen von Mißtrauen und Wut erscheint: ... *nenne mir einen in der Kinderzeit irgendwie für mich bedeutenden Menschen, den Du nicht wenigstens einmal bis in den Grund hinunterkritisiert hättest* (H 196). Oder in einem Brief an Ottla: *Es gibt kaum einen Nah- und Nichtverwandten, den der Vater bei dieser Gelegenheit nicht niedergeschimpft hätte. Der eine ist ein Defraudant, vor den anderen muß man ausspucken (Pfui!) usw.* (O 33).

Artur Schnitzler nannte das Phänomen die *Tragikomödie des heutigen Judentums*, deren ewige Wahrheit es sei, *daß ein Jude vor dem anderen nie wirklichen Respekt hat. Nie. Sowenig als Gefangene im Feindesland vor einander wirklichen Respekt haben, besonders hoffnungslose. Neid, Haß, ja manchmal Bewunderung, am Ende sogar Liebe kann zwischen ihnen existieren, Respekt niemals. Denn alle Gefühlsbeziehungen spielen sich in einer Atmosphäre ab, sozusagen, in der Respekt ersticken muß*[2]. Es ist der Haß der »geschlossenen Gesellschaft«, deren Mitglieder sich so gut kennen, daß sie sich tiefere Wunden beibringen können als irgendein Außenstehender. Nicht zufällig sind weitaus die meisten Gegenstände der Karl Kraus'schen Polemik Juden; Kafka sagte zu Janouch über die Gründe der jüdischen Witze über Juden: *Wir sehen einander besser als die anderen, da wir ja zusammen auf der Reise sind* (J 65). Kein Wunder, daß Kafka Aussehen und Verhalten seiner Mitmenschen vorwiegend unter dem Gesichtspunkt ihrer möglichen Zugehörigkeit zum Judentum beobachtete[3]. Verhältnismäßig geschützt vor einer Radikalisierung der Selbstkritik aus zweiter Hand war noch die Generation Herrmann Kafkas, die nur die Verachtung der »Ostjuden«, der »Galizier« internalisierte (*Beschimpfung, Verleumdung, Entwürdigung* hatte Vater Kafka für den ostjüdischen Freund des Sohnes, den Schauspieler Löwy, parat, und den Vergleich mit *Ungeziefer* [H 171]). Aber man selbst wurde, wenn schon nicht mehr durch den straffen Wertekatalog des Ghetto, so immerhin noch durch den kollektiv verbürgten Vulgärmaterialismus der Gründerzeit, jüdischer Gründerzeit, zusammengehalten. *Im Grund bestand der Dein Leben führende Glaube darin, daß Du an die unbedingte Richtigkeit der Meinungen einer bestimmten jüdischen Gesellschaftsklasse glaubtest ...* (H 199 f.). Der war ein Glaube der Handgreiflichkeit: *Hast Du den Fraß im Maul, so hast Du für diesmal alle Fragen gelöst* (SE 344). Manchmal hat Kafka auch so etwas wie eine Attitüde kalter Objektivität gegenüber diesem Materialismus gehabt, so in einem Brief an Milena:

Die unsichere Stellung der Juden, unsicher in sich, unsicher unter den Menschen, würde es über alles begreiflich machen, daß sie nur das zu besitzen glauben dürfen, was sie in der Hand oder zwischen den Zähnen halten, daß ferner nur handgreiflicher Besitz ihnen Recht auf das Leben gibt, und daß sie, was sie einmal verloren haben, niemals wieder erwerben werden ... (M 46 f.).

Aber solche Objektivität kam spät in seinem Leben, früher hatte er gelitten an der Unmöglichkeit, *seine* jüdische Frage und die der Vatergeneration auf einen Nenner zu bringen. Denn die Formel gegen jüdisches Leid, die der einstige *Dorfgeher* Herrmann Kafka anzubieten hatte, nämlich weitere Vermehrung und Zementierung von materieller Sicherheit, dazu der Blick zurück in die ersten Jahre der Nach-Ghetto-Zeit mit ihrer buchstäblichen Existenzbedrohung (*Wer weiß das heute! Was wissen die Kinder! Das hat niemand gelitten! Versteht das heute ein Kind!)*, diese Mittel also waren für einen deutschjüdischen Intellektuellen der Jahrhundertwende nutzlos. Kafka klagte seinem Tagebuch:

... unangenehm ist es zuzuhören, wenn der Vater, mit unaufhörlichen Seitenhieben auf die glückliche Lage der Zeitgenossen und vor allem seiner Kinder, von den Leiden erzählt, die er in seiner Jugend auszustehen hatte.

und erbitterte sich über die Unmöglichkeit, dem Vater verständlich zu machen, daß die *Tatsache, daß ich das alles nicht erlitten habe, nicht den geringsten Schluß darauf* [erlaubt], *daß ich glücklicher gewesen bin als er ...* (T 215 f.).

Die Hochassimilierten der Jahrhundertwende, die auf dem österreichischen Gymnasium mit Goethe gefüttert wurden (wie Kafka), die jetzt einen geistigen Besitzstand zu verlieren drohten, mehr: ihre Identität als »Deutsche« oder (seltener) »Tschechen«, die Nietzsche und den »Kunstwart« lieben lernten (wie Kafka), sie erlagen am meisten der antisemitischen Propaganda, zogen sie wie im Brennglas gebündelt auf sich und nahmen sie mehr zur Kenntnis als die restliche Gesellschaft. So konnte z. B. der österreichische Erfolgsautor Rudolf Hans Bartsch, ein besonders in seiner Frühzeit völkisch-antisemitischer Romaneschreiber, 1909 voller Verwunderung über seine literarischen Anfänge und sein Publikum resümieren:

Die aber, die ich angegriffen und befehdet habe, die Juden, die lasen mein Buch. Sie ... ließen mir sagen, ich hätte sie ergriffen, gerüttelt und sei ein Dichter. Juden und Juden ohne Ausnahme bildeten meine erste Gemeinde ... Mein arisches Buch wurde von den Ariern verachtet und geliebt von solchen, die es schmähte[4].

Aus dem deutschen Judentum Westböhmens meldete die »Selbstwehr« 1910: *Und wenn man gar hört, wie sie untereinander sich über ihre*

Glaubensgenossen unterhalten, könnte man meinen, in bester antisemitischer Gesellschaft zu sein[5].

Die Aspekte der antisemitischen Vorwürfe wandelten sich, wie sich die Gesellschaft wandelte. In den ersten Jahrzehnten nach der Emanzipation war es die offenkundige Tatsache der jüdischen Konzentration in den »unproduktiven« Berufen, und der Unwille der Juden, sich nun, da es ihnen doch erlaubt war, in Handwerk und Landwirtschaft zu verwirklichen. Dabei war dies eine unsinnige Forderung, denn wie hätte eine in nuce bürgerlich-kommerzielle Mittelschicht nicht die Herausforderung der kapitalistischen Epoche annehmen sollen? Aber je mehr der liberale Kapitalismus in Mißkredit geriet, desto mehr suchten die jüdischen Arrivierten nach einer passenden Apologetik und glaubten sie damit gefunden zu haben, daß sie möglichst viele »andere« Juden »produktivierten«. Hier lag der Grund für all die jüdischen Vereine »zur Beförderung von Handwerk und Ackerbau unter den Israeliten«, die in den antisemitischen Jahren entstanden; auch der 1885 gegründete »Centralverein zur Pflege jüdischer Angelegenheiten«, dem Herrmann Kafka (Galanterie en gros) angehörte, wie Vater Werfel (Handschuhfabrik), wie Vater Brod (Bankdirektor) — auch dieser Defensivverband des jüdischen Bürgertums in Böhmen betrieb als eifrigsten Vereinszweck die Heranbildung jüdischen Nachwuchses für das Handwerk[6]. Aber in Kafkas Zeit nach der Jahrhundertwende hatten sich diesen alten Vorwürfen andere hinzugesellt, für die es keine simple Ableitung mehr gab, und es war der integrale Haß aus völkischer Ideologie, Rassismus und Sozialdarwinismus entstanden, der so plausibel erschien, weil doch (auch wenn es nicht gegen die Juden ging!) das allgemeine Denken der Zeit sich in den Kategorien von Volkstum, Rasse und Biologismus bewegte; Kafka selbst war als Gymnasiast ja Darwinist gewesen. Was nun eintrat, könnte man mit dem Prinzip der kommunizierenden Röhren vergleichen, wobei von einzelnen jüdischen Individuen ein extrem starker Sog ausging, den man *jüdischen Selbsthaß* zu nennen gewöhnt ist. Kafka schrieb, er habe *das Negative meiner Zeit, die mir ja sehr nahe ist, die ich nie zu bekämpfen, sondern gewissermaßen zu vertreten das Recht habe, kräftig aufgenommen* (H 121). Man könnte es versuchsweise auch als eine Symptomwanderung der sozialen Neurose bezeichnen, die eine Kette bildete von dem Mitleiden an der kollektiven Neurose des Antisemitismus über die Neurotisierung der Kleingruppe, der familiären wie individuellen Biographie bis hin zur Katastrophe der Krankheit, wie sie Kafka erlebte. Man begibt sich mit solchen Überlegungen auf methodisch schwankenden Boden. Immerhin gibt es Indizien; sogar die Abstrahierungen der amtlichen Statistik der im Reichsrate vertretenen Länder signalisierte etwas von dem, was da dem jüdischen Kollektiv widerfuhr: die Erfassung der Geisteskrankheiten wies nach 1900 für die jüdische Bevölkerung Österreichs einen weit überproportionalen Anteil am Krankheitsbild aus[7] (Hermann Broch: *Der Adel hat eine Familiengeschichte, der jüdische Bourgeois eine Neurosengeschichte*[8]). In Musils »Mann ohne Eigenschaften« ist das Phänomen der Außengelenktheit einer jüdischen Familienneurose einmal beschrieben; das Porträt der Wiener Familie Fischel könnte sich auch auf das Verhältnis von Vater und Sohn Kafka beziehen:

In Wahrheit besteht aber natürlich das Dasein mehr als zur Hälfte nicht aus Handlungen, sondern aus Abhandlungen, deren Meinungen man in sich aufnimmt, aus Dafürhalten mit entsprechendem Dagegenhalten und aus der aufgestapelten Unpersönlichkeit dessen, was man gehört hat und weiß. Jede Auseinandersetzung hing daher *zum größeren Teil von einer trüben, zähen, ungeordneten Schichtung von Gedanken ab, die gar nicht ihrer, sondern der öffentlichen Meinung angehörten und sich mit dieser verändert hatten, ohne daß sie sich davor bewahren konnten. Neben dieser Abhängigkeit war die persönliche von einander nur ein winziger Teil, ein irrsinnig überschätzter Rückstand. Und während sie sich einredeten, ein Privatleben zu haben, und gegenseitig ihren Charakter und Willen in Frage stellten, lag die verzweifelte Schwierigkeit in der Unwirklichkeit dieses Streites, die sie durch alle möglichen Verdrießlichkeiten verdeckten*[9].

Und wenn das Individuum die ganze Summe der antisemitischen Aggression verinnerlichte, die politische, die ökonomische wie die auf die Verleumdung der Physis zielende, so blieb schließlich nichts mehr übrig von einer Existenzberechtigung in irgendeiner Kategorie des Menschlichen. Hatte der österreichische *Landesbewohner* (Musil) *mindestens neun Charaktere, einen Berufs-, einen National-, einen Staats-, einen Klassen-, einen geographischen, einen Geschlechts-, einen bewußten, einen unbewußten und vielleicht auch noch einen privaten Charakter; er vereinigt sie in sich, aber sie lösen ihn auf, und er ist eigentlich nichts als eine kleine, von diesen vielen Rinnsalen ausgewaschene Mulde . . .*[10], so mochte sich das fragmentierte jüdische Individuum nur mehr als eine abstrakte Hohlform erleben, gänzlich sinnentleert oder Gefäß fremd-eigenen Hasses. Es gibt Formulierungen in Kafkas Selbstdeutung, die auf diese Erfahrung weisen, auch wenn sie nicht ausdrücklich das Jüdische beim Namen nennen. In einem Stück der Betrachtung heißt es:

Ich stehe auf der Plattform des elektrischen Wagens und bin vollständig unsicher in Rücksicht meiner Stellung in dieser Welt, in dieser Stadt, in meiner Familie. Auch nicht beiläufig könnte ich angeben, welche Ansprüche ich in irgendeiner Richtung mit Recht vorbringen könnte. Ich kann es gar nicht verteidigen, daß ich auf dieser Plattform stehe, mich an dieser Schlinge halte, von diesem Wagen mich tragen lasse, daß Leute dem Wagen ausweichen oder still gehn oder vor den Schaufenstern ruhn. — Niemand verlangt es ja von mir, aber das ist gleichgültig (SE 16).

Später wird Musil über das Österreich der letzten Vorkriegsjahre sagen: *. . . man war negativ frei darin, ständig im Gefühl der unzureichenden Gründe der eigenen Existenz und von der großen Phantasie des Nichtgeschehenen . . . umspült*[11]. Das Urteil der anderen entzog einem die zureichenden Gründe der Existenz:

Er hat viele Richter, sie sind wie ein Heer von Vögeln, das in einem Baum sitzt. Ihre Stimmen gehen durcheinander, die Rang- und Zu-

ständigkeitsfragen sind nicht zu entwirren, auch werden die Plätze fortwährend gewechselt... (H 419). Und *Anders verhält es sich mit dem Tatbestand eines Urteils, dieser gründet sich auf Erhebungen hier und dort, bei Verwandten und Fremden, bei Freunden und Feinden, in der Familie und in der Öffentlichkeit, in Stadt und Dorf, kurz überall. Hier aber ist es dringend nötig, Fürsprecher zu haben, Fürsprecher in Mengen, die besten Fürsprecher, einer eng neben dem anderen, eine lebende Mauer, denn die Fürsprecher sind ihrer Natur nach schwer beweglich, die Ankläger aber, diese schlauen Füchse, diese flinken Wiesel, diese unsichtbaren Mäuschen schlüpfen durch die kleinsten Lücken, huschen zwischen den Beinen der Fürsprecher durch. Also Achtung!* (BK 137).

Und zum Übergangspunkt von kollektivem und individuellem Schicksal:

Und solange du man sagst an Stelle von ich, ist es nichts und man kann diese Geschichte aufsagen, sobald Du aber dir eingestehst, daß du selbst es bist, dann wirst du förmlich durchbohrt und bist entsetzt (H 8). Denn *Sich kennt er, den anderen glaubt er, dieser Widerspruch zersägt ihm alles* (H 418).

Die jüdische Furcht war Kafkas Lebensmotiv, die Furcht vor den antisemitischen Drohungen, die deshalb so gefährlich waren, weil sie, einmal ausgesprochen, ergriffen und eigenhändig gegen sich selbst gerichtet werden mußten. *Von den unwahrscheinlichsten Seiten drohen den Juden Gefahren, oder lassen wir, um genauer zu sein, die Gefahren weg und sagen: »drohen ihnen Drohungen«* (M 47). Sie beginnen mit dem Moment, wo der Assimilierte nach seiner jüdischen Herkunft gefragt wird; es ist wie ein *Stoß vor die Brust* (M 48). Kafka hat dazu in einem Brief an Milena auf deren Frage *Jste žid* (Sind Sie Jude?) eine wunderbar verkürzte sprachpsychologische Anmerkung über den Zusammenhang von tschechischer Phonetik und tschechischem Antisemitismus gemacht: *Sehen Sie nicht, wie im »Jste« die Faust zurückgezogen wird, um Muskelkraft anzusammeln? Und dann im »žid« den freudigen, unfehlbaren, vorwärtsfliegenden Stoß?* (M 48). Selbst wenn es einmal keine *Drohungen* gab, es änderte kaum etwas: *Wie tragen doch die Leute ihren eigenen Feind, so ohnmächtig er ist, immer in sich* (H 249).

Nur dem Talent zur exzessiven Verdrängung war es darum zuzuschreiben, daß nicht das gesamte Judentum seine Existenz in panischem Mißbehagen erlebte, sondern sich und die Umwelt so verstand, wie es Kafka 1912 ironisierend in seiner *Rede über die jiddische Sprache* formulierte: *Unsere westeuropäischen Verhältnisse sind, wenn wir sie mit vorsichtig flüchtigem Blick ansehn, so geordnet; alles nimmt seinen ruhigen Lauf. Wir leben in einer geradezu fröhlichen Eintracht, verstehen einander, wenn es uns paßt, kommen ohne einander aus, wenn es uns paßt, und verstehen einander selbst dann* (H 421). Daß nicht bei allen Juden im Zentrum die *Ängstlichkeit* stand, fand Kafka selbst das *Merkwürdigste* (M 46), aber das bedeutete für ihn keinen Trost, denn die jüdische Angst überfiel — wie Kafka 1921 Milena offenbarte — dafür gleichsam stellvertretend *nur Vereinzelte, diese aber sehr stark, zum Beispiel mich* (M 46). An den Schwager Josef David schrieb er:

... me dělat strach! To je jako Eulen nach Athen tragen (mir Angst machen, das ist wie ...) (O 135). *Die Furcht ist das Unglück, deshalb aber ist nicht Mut das Glück, sondern Furchtlosigkeit ... in meiner Klasse waren wohl nur zwei Juden, die Mut hatten, und beide haben sich noch während des Gymnasiums oder kurz darauf erschossen ...* (T 554).

Leicht schlug die Angst die Brücke zu dem Erlebnisschutt der Väter- und Großväterzeit, dem Ghetto, zu den unzähligen Traumata der schwierigen jüdischen Binnenwanderung, zu Boykott und Isolierung, zu dem Versuch vieler Juden, als soziale *Kletten* die Assimilation zu erzwingen. *In uns leben noch immer die dunklen Winkel ... Wir gehen durch die breiten Straßen der neuerbauten Stadt. Doch unsere Schritte und Blicke sind unsicher. Innerlich zittern wir noch so wie in den alten Gassen des Elends* (J 10). Der Tenor der antisemitischen Bauernromane klingt an in Kafkas Selbstbeschuldigung: *Es ist so: habe ich mich einmal irgendwo festgesetzt, dann klebe ich wie etwas gar nicht Appetitliches* (O 45). (Kafka kannte die judenfeindlichen Gedichte des großen tschechischen Expressionisten Petr Bezruč, der reimte: *Kommt der Jude in das Land gezogen / kaum fünf Jahre — sein die ganze Gegend / erst noch Bettler, nun voll Kraft gesogen / das jus noctis primae lusterwägend*[12]*).* Die erste Stufe des Boykotts, den versteckten gesellschaftlichen, spiegelt ein Fragment aus den »Hochzeitsvorbereitungen«:

Willst du in eine fremde Familie eingeführt werden, suchst du einen gemeinsamen Bekannten und bittest ihn um die Gefälligkeit. Findest du keinen, geduldest du dich und wartest auf eine günstige Gelegenheit. In dem kleinen Ort, in dem wir leben, kann es ja daran nicht fehlen. Findet sich die Gelegenheit nicht heute, findet sie sich morgen gewiß. Und findet sie sich nicht, wirst du deshalb nicht an den Säulen der Welt rütteln. Erträgt es die Familie, dich entbehren zu müssen, erträgst du es zumindest nicht schlechter (H 298).

Aber auch für die Exzesse der Polna-Zeit, wo Rechtsstaatlichkeit und »Volkesstimme« extrem auseinanderklafften, gibt es Assoziationsmöglichkeiten: *Alles, selbst das Gewöhnlichste, etwa das Bedientwerden in einem Restaurant, muß er sich erst mit Hilfe der Polizei erzwingen. Das nimmt dem Leben alle Behaglichkeit* (H 419). Daß dies alles kollektiv erlebt wurde, bot keinen Schutz. Gegen den Selbsthaß half keine Solidarität, da die Tatsache, daß die anderen Juden doch auch Juden waren, sie eben zu Objekten der Abscheu machte. Dies ist der merkwürdigerweise kaum beachtete Hintergrund der oft beredeten »Vereinzelung« der Juden in Prag, die de facto ja gar nicht existierte; im Gegenteil wies das numerisch starke Prager Judentum (1920 ca. 30 000) eine ausgesprochen hochentwickelte Kommunikationsfrequenz auf; selbst die Zionisten der »Selbstwehr« bestätigten, daß *das Prager Gesellschaftsleben von einer geschlossenen jüdischen Intelli-*

genzschicht erfüllt war und durch das Zusammenleben so vieler Juden eine gleichsam *jüdische Atmosphäre* besitze[13]. Aber Kafka schrieb 1912: *Wie lebe ich denn in Prag! Dieses Verlangen nach Menschen, das ich habe und das sich in Angst verwandelt, findet sich erst in den Ferien zurecht* (Br 101). Fast wörtlich ein anderes Kind aus jüdisch-bürgerlichem Prager Haus 1909: *Ich möchte Menschen kennenlernen, nicht nur Leute*[14]. Waren die jüdischen Bekannten und Verwandten keine richtigen, rechten Menschen? So scheint es fast, wenn man Kafkas Stimmen über das heimische Milieu hört, dem er sich doch untrennbar zugehörig wußte, und man versteht nun besser, warum er diesem, *seinem* Prag zu entfliehen versucht hat. *Prag*, das war ihm *das letzte oder vorletzte Judentum unserer Städte*, vor dem nicht zurückzuschrecken *für einen Nichtjuden schon etwas Heldenhaftes* war (M 46), hier groß geworden zu sein, bedeutete, wie Kafka seiner Schwester Elli schrieb, für ein Kind ein Unglück, *in dem von Kindern nicht abzuhaltenden besonderen Geist, der gerade in Prager wohlhabenden Juden wirkt, ich meine natürlich nicht einzelne Menschen, sondern diesen fast mit Händen zu greifenden allgemeinen Geist, der sich in jedem je nach Anlage verschieden äußert, der in Dir ist, so wie in mir, diesen kleinen, schmutzigen, lauwarmen Geist*, vor dem *das eigene Kind retten können* ein Glück bedeutete (Br. 339).

Zur Topographie dieses seines jüdischen Prags gehörten die jüdischen Kaffees mit ihren, wie Kafka sinnierte *hundertjährigen Juden*, die *Katakomben der Juden in dieser Zeit. Ohne Licht und Liebe* (J 40). Ein anderer jüdischer Antisemit, der Tschechojude Jan Münzer, goß zwei Jahre nach Kafkas Tod seinen Hohn über die jüdischen Kaffeehäuser, die Fixpunkte des *unsichtbaren Ghetto* der Prager Juden, noch viel schärfer aus: wenn er von der *rituell dampfigen Atmosphäre* sprach, *durch welche der herzzerreißende Jargon der bestialisch überkreuzten Zungen sich ergießt, ergänzt durch eine wilde Gestik des ganzen Leibes. Ich denke an jene Kaffeehäuser, in denen einträchtig sich die Väter über das Geschäft und die Söhne über Literatur unterhalten ... und wo der soziale Fortschritt sich dadurch zeigt, daß sich ein Jüngling herübersetzt vom Tisch der Künstler zum Tisch der Börsianer. Ich denke an die Welt des normalisierten Denkens, und der unzähligen, für den augenblicklichen Bedarf geprägten Phrasen und Aussprüche, in welchen keine neuen Probleme sind, keine neuen Gedanken, keine Wege, wo alles klar aufgelöst wurde in einen Gesichtspunkt: ob man damit verdienen kann oder nicht. Jene Welt, wo ... Gedichte Verkaufsartikel sind und das Geschäft eine Leidenschaft, wo die Leute mit jener schamlosen Familiarität zueinander sprechen, in deren Rahmen die Frage des guten Stuhlgangs zu einer öffentlich diskutierten Angelegenheit wird, jene Welt, in der sich der Heimische glückselig suhlt und aus der sich entsetzt derjenige Mensch flüchtet, der nicht gewohnt ist, einen so nahen Einblick in das Innere des Menschen zu tun*[15]. Und *Prag* verdichtete sich Kafka in den Eltern, die er *immer als Verfolger gefühlt* (F 112) hat. *Nichts wollen die Eltern als einen zu sich hinunterziehen, in die alten Zeiten, aus denen man aufatmend aufsteigen möchte* schrieb er an Felice 1912, infolgedessen *ist für mich ihre Unreinlichkeit hundertfach so groß, als sie es vielleicht in der Wirklichkeit, die mich nicht kümmert, sein mag; ihre Einfältigkeit hundertfach; ihre Lächerlichkeit hundertfach, ihre Rohheit hundertfach. Ihr Gutes dagegen hunderttausendfach kleiner als in Wirklichkeit ... Also wieder Haß und fast nichts als Haß* (F 730). Die Eltern waren es, die den Ausbruchs- und Liebesversuch mit Julie Wohryzek, der Tochter des tschechojüdischen Schusters und Gemeindedieners der Gemeinde Prag-Vinohrady, verhinderten, dem Mädchen, das *eine Menge der frechsten Jargonausdrücke* (Br. 252) in ihrem Sprachschatz hatte; der Fluchtversuch mußte scheitern, weil Herrmann Kafka die *Schande* (H 222) nicht aushalten konnte, die darin lag, daß der Sohn sozial im Krebsgang den Weg dorthin zurückgehen wollte, woher Herrmann Kafka einst gekommen war. *Prag* war das *heimatliche Rudel* (F 729), das die Söhne nicht losließ und sie aus Angst auf den überkommenen Weg jüdischer Daseinsbewältigung in der polemisch verklammerten Nationalitätengesellschaft zwingen wollte, zur Mimikry, zur doppelten Loyalität, zum nackten Opportunismus, zur Benutzung des trotz Assimilation immer noch in Resten vorhandenen innerjüdlichen Loyalitätsgeflechtes. *Alle*

Verbindung, die ich mir nicht selbst schaffe, sei es gegen Teile meines Ich, ist wertlos, hindert mich am Gehen, schrieb Kafka an Felice, *ich hasse sie, oder bin nahe daran sie zu hassen. Der Weg ist lang, die Kraft ist klein, es ist übergenug Grund für diesen Haß* (F 720). Die Mentalität der *jüdischen Handelsleute(n), die einmal deutsch, einmal tschechisch sind* (T 421), (zu denen auch der Vater gehört), ist Kafka widerwärtig; liegt hier das Motiv dafür, daß sich Kafka bei der Volkszählung 1910 als einziges Familienmitglied der Kafkas dem väterlichen Diktat entzog, die (der Reputation der Galanteriewaren en gros nützliche) falsche Erklärung der tschechischen Umgangssprache abzugeben[16]? Und doch fühlte er psychische Muster, vergleichbar dem jüdischen Verhalten in der politisch-nationalen Szenerie auch in sich als Figuren seines eigensten Schicksals: *Ich schreibe anders als ich rede, ich rede anders als ich denke, ich denke anders als ich denken soll und so geht es weiter bis ins tiefste Dunkel* (O 21). *Ich bin ein lügnerischer Mensch, ich kann das Gleichgewicht nicht anders halten, mein Kahn ist sehr brüchig* (F 755). *Alles ist Betrug ...* (H 45) *Kannst Du denn etwas anderes kennen als Betrug? Wird einmal der Betrug vernichtet, darfst Du ja nicht hinsehen oder wirst zur Salzsäule* (H 53). Kafkas Selbsthaß auf *Prag* und das *Prag in sich* gipfelt in jenem merkwürdigerweise kaum zitierten Wort an Milena, das mit schauerlicher Prophetie die Technologie der jüdischen Katastrophe vorzeichnet: *... manchmal möchte ich sie eben als Juden (mich eingeschlossen) alle etwa in die Schublade des Wäschekastens dort stopfen, dann warten, dann die Schublade ein wenig herausziehen, um nachzusehen, ob sie schon alle erstickt sind, wenn nicht, die Lade wieder hineinschieben und es so fortsetzen bis zum Ende* (M 57).

Durch seine Arbeit definiert sich der Mensch — ein Gemeinplatz seit Hegel, Kafka verweigerte die Übernahme des väterlichen Großhandels, wurde Angestellter, *Privatbeamter,* und wollte dabei doch eigentlich immer nichts anderes als schreiben. *Mein Posten ist mir unerträglich, weil er meinem einzigen Verlangen und meinem einzigen Beruf, das ist der Literatur, widerspricht ... Alles was nicht Literatur ist, langweilt mich und ich hasse es . . .* (T 318). So fand er keinen modus vivendi zwischen Büro und eigentlichem Leben, erlebte den Achtstundentag als Hölle. Warum freiwillig dieses *schreckliche(s) Doppelleben, aus dem es wahrscheinlich nur den Irrsinn als Ausweg* gab? (T 41)

Die Entscheidung für einen nichtkommerziellen Beruf ist im »Brief an den Vater« allein auf das erschreckende menschliche Klima des Kafkaschen Betriebes zurückgeführt. Ist das die ganze Wahrheit, oder versteckt sie sich hinter den *advokatorischen* Kniffen dieses Dokuments, die Kafka selbst einräumte? Der soziale Befund der Zeit jedenfalls lautete: eine Mehrzahl jüdischen Nachwuchses aus kommerziellen Familien optierte für akademische Berufswege, und dies nicht nur wegen der Bedrohung des jüdischen Handels durch das »Svuj k svému«, sondern zu einem Gutteil aus versteckt antisemitischen Motiven, aus Widerwillen gegen die händlerische, die »typisch jüdische« Existenz. Bei der Studienwahl nicht anders; Kafkas Freund Hugo Bergmann erinnerte sich: *Im Sommer 1901 beendeten wir das Gymnasium und beschlossen beide, an der Universität Chemie zu studieren. Wir wollten beide nicht die typisch »jüdischen« Fächer jener Zeit studieren: Rechtsanwälte oder Ärzte wollten wir nicht werden. Und da eine Karriere im Staatsdienst Juden so gut wie verschlossen war, blieb uns als fast einziger Ausweg die Chemie*[17]. Daraus wurde nichts, es blieb beim Jurastudium. Es hätte die Plattform für den Sprung in die Literatur geboten, war es doch *im alten Österreich das etwas unbestimmte Brotstudium für allgemein kulturell interessierte junge Männer . . .*[18]. Unzählige promovierte jüdische Juristen aus den böhmischen Ländern saßen in den Redaktionen der österreichischen Presse, den »Pressbüros« der Wiener Ministerien, den Verlagen. Aber Kafka war nicht fähig, diesen Weg zu gehen; 1906, *als es sich nun darum handelte, einen Brotberuf zu finden, postulierte Franz: Der Posten dürfte mit Literatur nichts zu tun haben; es wäre ihm als eine Entwürdigung des dichterischen Schaffens erschienen. Brotberuf und Schreibkunst sollten scharf voneinander getrennt bleiben, eine »Mischung« der beiden, wie sie etwa der Journalismus darstellt, wurde von Kafka abgelehnt . . . er*

»könne das eben nicht«[19]. Man ist mit Max Brod schnell mit der Erklärung *Schreiben als Form des Gebetes* (Kafka) bei der Hand; aber genügt sie? War es nicht so, daß, wer sich mit den Augen des jüdischen Antisemitismus ansah, die Tür zur berufsmäßigen Literaturproduktion verschlossen fand? Es gibt verblüffende Parallelen zwischen der Terminologie der Deutschvölkischen in literaricis und dem berühmten Text Kafkas über die schriftstellerische Betätigung der Juden: Das ideologische Sprachrohr der böhmischen Alldeutschen, die »Ostdeutsche Post« des rassistischen Abgeordneten Karl Hermann Wolf, befaßte sich z. B. im März 1901 mit dem *Kampf des arischen Kunstgeistes gegen das Semitische und Undeutsche* und zeichnete ein Programm der *Regermanisierung unseres Schrifttums,* das zunächst die strikte Verweigerung der Kenntnisnahme jeder von Juden verfaßten deutschen Literatur forderte, mochten die *dunklen Augen schwarzgelockter Jünglinge* auch noch so *freundlich und rezensionsgeil* blicken: *Der heiligste Schatz eines Volkes, einer Rasse, ist seine Sprache. Was muß das für ein Volk sein, welches in seiner Sprache nicht sein Bestes, nicht seine ganze Wesenheit findet.* Schluß mußte sein mit der Verwechslung des süddeutschen Stammes, *der nach historisch verbrieftem Recht die Ostmarken als deutsches Land sein eigen nennt mit der semitischen Wiener Literaturenklave, die allerdings, wenn sie den Kern ihres Seins darstellt, in die traurige Lage gerät, sich unsere Sprache, mit der sie doch nichts anzufangen weiß, ausborgen zu müssen*[20]. Kafka meinte sinngemäß auch, daß die Juden *die Worte einer Nation stehlen, von der sie unmöglich loskommen wollen,* nur drückte er es besser aus, als er über die *laute oder stillschweigende oder auch selbstquälerische Anmaßung eines fremden Besitzes, den man nicht erworben, sondern durch einen (verhältnismäßig) flüchtigen Griff gestohlen hat und der fremder Besitz bleibt, auch wenn nicht der einzigste Sprachfehler nachgewiesen werden könnte* sprach. Denn *hier kann ja alles nachgewiesen werden durch den leisesten Anruf des Gewissens in einer reuigen Stunde.* Aber warum nun lockte es die Juden *so unwiderstehlich dorthin?* Kafka glaubte zu wissen,

daß dies beides mit dem Judentum als solchem zusammenhängt, ge-

nauer mit dem Verhältnis der jungen Juden zu ihrem Judentum, mit der schrecklichen inneren Lage dieser Generation ... Weg vom Judentum, meist mit unklarer Zustimmung der Väter (diese Unklarheit war das Empörende), wollten die meisten, die deutsch zu schreiben anfingen, sie wollten es, aber mit den Hinterbeinchen klebten sie noch am Judentum des Vaters und mit den Vorderbeinchen fanden sie keinen neuen Boden. Die Verzweiflung darüber war ihre Inspiration.
Eine Inspiration, ehrenwert wie irgendeine andere, aber bei näherem Zusehen doch mit einigen traurigen Besonderheiten. Zunächst konnte das, worin sich ihre Verzweiflung entlud, nicht deutsche Literatur sein, die es äußerlich zu sein schien. Sie lebten zwischen drei Unmöglichkeiten, (die ich nur zufällig sprachliche Unmöglichkeiten nenne, es ist das Einfachste, sie so zu nennen, sie könnten aber auch ganz anders genannt werden): der Unmöglichkeit, nicht zu schreiben, der Unmöglichkeit, deutsch zu schreiben, der Unmöglichkeit, anders zu schreiben, fast könnte man eine vierte Unmöglichkeit hinzufügen, die Unmöglichkeit zu schreiben (denn die Verzweiflung war ja nicht etwas durch Schreiben zu Beruhigendes, war ein Feind des Lebens und des Schreibens, das Schreiben war hier nur ein Provisorium, wie für einen, der sein Testament schreibt, knapp bevor er sich erhängt, — ein Provisorium, das ja recht gut ein Leben lang dauern kann), also war es eine von allen Seiten unmögliche Literatur, eine Zigeunerliteratur, die das deutsche Kind aus der Wiege gestohlen und in großer Eile irgendwie zugerichtet hatte, weil doch irgendjemand auf dem Seil tanzen muß (Br. 336 f.).
Konstatierte der »Deutsche Volksbote«, Sprachrohr des »Bundes der Deutschen in Böhmen«, 1897 ganz allgemein: *Soviel deutsch, um handeln zu können, lernt der Jude fast in ganz Europa und unter allen Völkern, wenn die deutsche Sprache dabei auch mit jeder Silbe mißhandelt wird*[21], so glaubte Kafka zu wissen, daß *doch in dieser deutsch-jüdischen Welt kaum jemand etwas anderes als mauscheln kann, das Mauscheln im weitesten Sinne genommen* (Br. 336). Konnte man noch nach Wien gehen, Literat werden, wenn man die »Fackel« las (wie Kafka), in der mit monomanischer Besessenheit der deutsch-jüdische Presse- und Literaturbetrieb fertiggemacht wurde, so als sei

das Wesen dieses Betriebs die Ursache für den Verfall der Zeit und nicht ein Randphänomen; aber das sah Karl Kraus, der Herausgeber der »Fackel«, nicht, weil er selbst zutiefst dem Milieu verbunden war, wiewohl gleichsam in dialektischer Umkehrung *(Nur ein gerissener Wilddieb kann so ein strenger Waldhüter sein,* so Kafka zu Janouch [J 50]). Auch wenn Kafka in den Jugendjahren, die man gewöhnlich als seine »assimilantische« Phase beschrieben findet, sich nicht prononciert im Sinne eines jüdischen Antisemitismus äußerte: in seinem Verzicht auf »Literatur als Beruf« handelte er danach. Später, besonders seit er mit dem einen positiven jüdischen Nationalismus predigenden Kreis um die »Selbstwehr« in enge Berührung gekommen war, setzte er sich dem allem fast mit einer masochistischen Befriedigung aus. Konnte man ein deutscher Literat sein, wenn man der »Selbstwehr« zustimmte, die schrieb: *Das Deutsche ... es wurde nie restlos unser*[22], konnte man es, wenn man sich schon als *Halbdeutscher* (O 67) verstand, das Deutschtum in sich als *Ablagerungen fremden Lebens* (J 35), wenn man seinem Milieu die deutsche Zugehörigkeit ganz bestritt *(Die deutschsprechenden Juden in den Logen und auf den Parkettsitzen sind doch keine Deutschen ...* [J 34], zu Janouch über das Publikum des Deutschen Theaters in Prag), und am Ende sogar Mitgefühl mit dem deutschen Volk empfinden konnte, dem die Juden durch ihre Assimilation geschadet hatten. *Sie haben seit jeher Deutschland Dinge aufgedrängt, zu denen es vielleicht langsam und auf seine Art gekommen wäre, denen gegenüber es sich aber in Opposition gestellt hat, weil sie von Fremden kamen.* Und *Eine schrecklich unfruchtbare Beschäftigung, der Antisemitismus und was damit zusammenhängt, und den verdankt Deutschland den Juden* (Br. 274). Freund Max Brod bastelte sich eine verschachtelte Ideologie der *Distanzliebe,* um die jüdische Identität eines deutschen Schriftstellers (oder die deutsche Identität eines jüdischen Schriftstellers. Oder ... usw.) zu rechtfertigen: *Freund, doch nicht Angehöriger des deutschen Volkes ... Kulturverwandtschaft aber ist nicht Blutsverwandtschaft.* Auch er stand im Banne der biologistischen Ideologie der Epoche, wenn er über die Schwierigkeiten des *rassenmäßig so fest umschriebene(n), seit Jahrtausenden unvermischte(n) Judentum(s)* mit der deutschen Kultur schrieb: *... ich mag die Innigkeit einer Kleistschen Wortfügung ... noch so sehr lieben, es bleibt doch alles ... auf Assoziationen angewiesen, die auf Erlerntes, auf Erfahrenes innerhalb eines fremden Volkstums, nicht auf Angeborenes zurückführen.* Die alte Verleumdung des »Unschöpferischen«, Imitatorischen aller jüdischen Kunstübung, uralt vertraut seit Wagners Pamphlet über Judentum und Musik (das schon Jan Neruda als Steinbruch seines Hasses gedient hatte), kehrt auch bei Brod wieder: *Bedarf es des Nachweises, daß auch das beste Verständnis niemals mit jenem eigenen schöpferischen Gefühl zu verwechseln ist, das der Kontrolle nicht mehr bedarf und sie auch nicht mehr ertrüge, die Kontrolle an einer erlernbaren fremden Existenzform?* Brod schreckte nicht vor (heute) ridikülen Spitzfindigkeiten über den nationalen Gehalt der symphonischen Musik zurück, darüber, welche musikalischen Atome Beethovens oder Smetanas man nun als Jude legitim mitempfinden dürfe[23]. Aber Brod schrieb und belieferte den Literaturbetrieb Österreichs und Deutschlands fleißig und erfolgreich, ohne daß ihn sein theoretisches Nationaljudentum dabei gehindert hätte. Kafka dagegen befand sich in einem zwanghaften Kreis, Literatur produzieren zu müssen, ihr aber keinen objektiven Wert zubilligen zu können, sie für *Gekritzel* schelten zu müssen, in seinem Testament ihre Vernichtung verlangen zu müssen, obwohl er als leidenschaftlicher Kenner und vorzüglicher Kritiker der deutschen Literatur doch wissen mußte, wie es um den Rang seines Oeuvre stand. Nur manchmal, in lichten Augenblicken, konnte er diesen Zustand ironisieren, wenn er für die brave Einordnung, wie sie Brod vornahm *(K.s Erzählungen gehören zu den jüdischsten Dokumenten unserer Zeit)* milden Spott übrig hatte und sie mit dem *Urdeutschen,* das andere an ihm fanden, in die gleiche Ecke wies: *Ein schwerer Fall. Bin ich ein Zirkusreiter auf zwei Pferden?* (F 720). Der Satz geht weiter: *Leider bin ich kein Reiter, sondern liege am Boden.* Wirklich legitim schreiben durfte man nur, wenn man in einer Kongruenz von politischer Heimat und sprachlicher Heimat lebte; das glaubte er von sich nicht sagen zu können, weil er das *Juden hinaus* der Deutschvölkischen wie der tschechischen Chauvinisten als berechtigt anerkannte. *Die Sprache ist der tönende Atem der Heimat. Ich — ich bin aber ein schwerer Asthmatiker, da ich weder tschechisch noch hebräisch kann* (J 85). Darum manchmal neidvolles Schielen nach der fraglosen Stellung des Schriftstellers in der *Literatur kleiner Völker,* wo die Existenz des Autors durch seine nationalpädagogische Funktion gerechtfertigt war, wo literarische Produktion sich auf den demokratischen Konsens der Volksgenossen stützen konnte, weil *die Anforderungen, die das Nationalbewußtsein innerhalb eines kleinen Volkes an den Einzelnen stellt,* es mit sich bringen, *daß jeder immer bereit sein muß, den auf ihn entfallenden Teil der Literatur zu kennen, zu tragen, zu verfechten und jedenfalls zu verfechten, wenn er ihn auch nicht kennt und trägt* (T 208).

Kafkas Analyse zur Literatursoziologie von Tschechen und Ostjuden war Teil großen, lebensbeherrschenden Nachdenkens über die Möglichkeit der »Produktivierung« der jüdischen Existenz, der Rekonstruktion einer kompletten völkischen Sozialpyramide anstelle der — wie er mit dem Antisemitismus und Zionismus der »Selbstwehr« glaubte — *unnatürlichen* Berufs- und Bevölkerungsschichtung der verstädterten, industrialisierten, kommerzialisierten, angeblich jede körperliche Arbeit perhorreszierenden überintellektualisierten *Westjuden.* Die Formulierungen zeigen, daß der frühe Zionismus gleichsam spiegelbildlich das antisemitische Denken übernommen hatte. Was die konsequentesten Zionisten sich als historische Ideologie zurechtlegten – die Berufung auf ein ackerbauendes, handwerkendes und kriegerisches jüdisches Volk im Palästina der biblischen Zeit: kann man es als Vorahnung darauf deuten, daß nach dem von vielen prophezeiten endgültigen Untergang des Liberalismus eine Epoche mit »nationalsozialen« Mythen von Blut und Boden, von klassenüberschreitender »Volksgenossenschaft« kommen werde? Österreich als Laboratorium, als Übergangsszene der »Möglichkeiten« bot radikalen Zionisten Anschauung genug. Dem Gedanken der jüdischen Kolonisation kam bei alledem eher die Funktion eines Stimulans, eines stofflichen Konkretisierungspunktes der Utopie vom neuen jüdischen Menschen zu, und das pro und contra der

Judenstaatsidee war Theoriediskussion, nichts weiter. Dem Individuum ging es in erster Linie nicht um weiträumige geopolitische Perspektiven; der psychische Treibsatz, der die Juden zur *Berufsumschichtung* bewegte, war auch, je stärker der einzelne die antisemitische Stereotype rezipierte, der Wille zur Ableitung der Autoaggression in physischer Arbeit. Bei Kafka scheint dieses Motiv einmal in aller Deutlichkeit auf. 1913 sehnt er sich danach, *eine stumpfsinnige, ehrliche, nützliche ... anstrengende Arbeit zu leisten* (F 358); er hilft in einer Schreinerei, einer Gärtnerei. 1918 sucht er sich wiederum Arbeit in einer Gärtnerei in der Nähe von Prag. Zu Janouch sagt er 1920:

... ich träumte davon, daß ich als Landarbeiter oder Handwerker nach Palästina gehe ... um ein sinnvolles Leben in Sicherheit und Schönheit zu finden, denn: *Ich liebe die Arbeit in der Werkstätte. Der Geruch des gehobelten Holzes, das Singen der Säge, Hammerschläge ... Es gibt nichts schöneres als so ein reines, greifbares, allgemein nützliches Handwerk. Außer in der Tischlerei habe ich schon in der Landwirtschaft und in der Gärtnerei gearbeitet. Das war alles viel schöner und wertvoller als der Frondienst in der Kanzlei. Anscheinend ist man etwas Höheres, Besseres; aber das ist eben nur Anschein. In Wirklichkeit ist man nur einsamer und darum unglücklicher ... Intellektuelle Arbeit reißt den Menschen aus der menschlichen Gemeinschaft. Das Handwerk dagegen führt ihn zu den Menschen* (J 16 f.).

Was Kafka da äußerte, war Paraphrase, Radikalisierung von zionistischen Berufsumschichtungsüberlegungen, wie man sie in der »Selbstwehr« der Boykottjahre häufig fand.

Es ist ein falscher Ehrgeiz der jüdischen Eltern und ein Trugschluß, zu glauben, es gehe den Intelligentesten später im Leben unbedingt besser. Abgesehen von Geld und Zeit, die oft in unfruchtbarem Ringen mit der arischen Konkurrenz verloren gehen, ist ja die Mühe umsonst!

Die soziale Stellung. Nun ja. Die verhilft einem höchstens zu einem reichen Schwiegervater, aber nicht zu innerer Befriedigung . . .[24].

In Kafkas Handwerksideologie *Hammerschläge* versus *Gekritzel* klingt aber auch der alte Phrasenschatz der kleinbürgerlichen Parteien, von Christlichsozialen bis Jungtschechen, die ihre Wählerschaft im deklassierten, von der Modernisierungskrise der mitteleuropäischen Wirtschaftsstruktur geschüttelten Handwerk gefunden hatten; *nützliches* Handwerk gegen *schmarotzendes* jüdisches Kapital, gegen *jüdische Pseudointelligenz* usw. waren die Lockmittel Schönerers wie Luegers gewesen.

Der Produktivierungswunsch stand auch hinter dem Agrarromantizismus von Kafkas Lieblingsschwester Ottla. Kafka förderte, stellvertretend für sich, dem er so viel nicht zutraute, die landwirtschaftliche Arbeit Ottlas gegen den erbitterten Widerstand des Vaters, der in einer Umkehrung der normalen jüdischen Demographie (vom Land zur Stadt) das schlechthin *Abnormale* (D 49) sah. Aber dieser Weg zurück mußte sein, um aus dem Endstadium des falschen Urbanisierungsprozesses ein Schlupfloch zu finden: *Aber Du bist kein Bauer, dem das Land die Kinder nährt, und bis zum letzten hinuntersteigend nicht einmal ein Kaufmann . . . sondern wohl eine Auswurfklasse des europäischen Berufsmenschen, Beamter . . .* (Sy 50). Das schrieb er 1920; aber auch beim allerfrühesten Kafka lassen sich Motive von Sehnsucht und Verzicht auf bäuerliche Existenz finden. Im Herbst 1902 schrieb er an den Jugendfreund Oskar Pollak: *Hast Du schon gemerkt, wie schwere fette Ackererde unter den allzufeinen Fingern zerbröckelt, wie feierlich sie zerbröckelt?* (Br. 14). 1916 glaubt er dann einmal, der Absprung sei ihm gelungen. *Ich bin heimlich, ohne es zu merken im Laufe der Jahre aus einem Stadtmenschen ein Landmensch oder wenigstens etwas ihm sehr Ähnliches geworden* (F 732). Zu dieser Zeit, als er bei Ottla auf dem Gut ihres Schwagers Karl Hermann arbeitete, wozu Vater Kafka widerwillig seiner zionistisch-agrarromantischen Tochter die Erlaubnis erteilt hatte (war es die Versorgungsnot des Weltkrieges, die ihm den Gedanken an Landwirtschaft überhaupt erträglich machte?), zu dieser Zeit also erwog Kafka ein Leben als Kartoffelbauer nach dem Krieg. Ottlas Motiv zur bäuerlichen Arbeit war die Sehnsucht nach dem *»Gut«, das Du Dir seit langem wünschst, der feste Boden, der alte Besitz, die klare Luft, Freiheit* (O 82). Die Denkfigur stammte wie viele zionistische aus der Argumentation der Deutschvölkischen, deren »Bauerntage«, veranstaltet vom »Bund der Landwirte aus der Ostmark« nicht zuletzt von der Polemik gegen das *bleiche(s) Kind der Großstadtluft* Judentum lebten; dort wurde dieses oder ähnliches vorgetragen:

Man muß selbst Bauer sein, wenn man verstehen will die unbeschreibliche Liebe zur heimatlichen Scholle, die schon unsere Urväter bebaut ... Die Freude an dem Keimen, Blühen und Gedeihen unserer Saaten, das Emporwachsen des selbstgezogenen Baumes ... kurz das den germanischen Bauern zur Lebensbedingung gewordene Naturleben ist es, welches alle Mühseligkeiten und Drangsale vergessen macht und uns mit tausend Banden an den Eigenbesitz kettet ...[25].

Der reinste Ausdruck des Produktivierungsmythos, der Erlösung des Juden vom jüdischen Stereotyp durch Arbeit ist Kafkas Programm *Die besitzlose Arbeiterschaft* von 1918, dessen versteckter Hinweis auf Jüdisch-Palästinensisches *(Maximallösung ist: Brot, Wasser, Datteln[!])* merkwürdigerweise kaum registriert worden ist.

Nur durch Arbeit den Lebensunterhalt erwerben. Vor keiner Arbeit sich scheuen, zu welcher die Kräfte ohne Schädigung der Gesundheit hinreichen. Entweder selbst die Arbeit wählen, oder, falls dies nicht möglich ist, sich der Anordnung des Arbeitsrates fügen, welcher sich der Regierung unterstellt. Für keinen anderen Lohn arbeiten als den Lebensunterhalt (im einzelnen nach den Gegenden festzusetzen) für zwei Tage. Mäßigstes Leben. Nur das unbedingt Notwendige essen, zum Beispiel als Minimallöhnung, die in gewissem Sinn auch Maximallöhnung ist: Brot, Wasser, Datteln ... Jede übernommene Arbeit zu

Ende führen, unter allen Umständen, es wären denn schwere Gesundheitsrücksichten dem entgegen ... Rechte: Das Arbeitsleben als eine Angelegenheit des Gewissens und eine Angelegenheit des Glaubens an den Mitmenschen ... (H 126 f.).

Man spürt das Physische als Angelpunkt, die schwere körperliche Arbeit als kathartisches Durchgangsstadium der Neudefinition auch der Physis. Das Leiden Kafkas an seinem Körper, das grenzenlose Mißtrauen gegen ihn, seine Hypochondrie sind bekannt; weisen sie als larvierte Neurose auf das Syndrom des jüdischen Selbsthasses? Es scheint zumindest denkbar. Zum Standardarsenal des Rassenantisemitismus gehörte die Schmähung angeblicher widerwärtiger körperlicher Eigenschaften der Juden: Krummbeinigkeit, Schwachbrüstigkeit, Feigheit etc. Die »humoristischen« Blätter der Epoche schlugen ihren öden Spaß allwöchentlich aus Judenkarrikaturen, die eine orientalische Physiognomie verzerrt und verdreht in europäischer Kleidung präsentierten. (Karl Kraus schrieb in seiner antizionistischen »Krone für Zion« — 1898 — über *jenen vulgären Antisemitismus, der mit verstärkter Wucht an der Biegung eines Nasenbeines brandete,* weil *sich der jüdische Typus durch gewisse körperliche Stigmata den Spott der Ganzdummen zugezogen* habe.) Mehr noch aber ist hier an den engen Zusammenhang zu erinnern, der die Ideologie der körperlichen Ertüchtigung mit dem nationalen Gedanken verband; das war im 19. Jahrhundert zuerst in Deutschland sichtbar geworden und wurde nun als Kafkas Anschauungsmaterial im tschechischen Risorgimento in geradezu klassischer Weise exemplifiziert. Die Tschechen hatten es zur Überraschung des »deutschen Österreich« binnen eines halben Jahrhunderts geschafft, aus einer fragmentarischen (nämlich allein bäuerlich-kleinbürgerlichen Gesellschaft) ein komplettes »Volk« mit Bürgertum und Intelligenz, Kapitalismus, Sozialismus und Bürokratie zu schaffen, das — durch eine nationale Ideologie integriert — den Anschein größerer sozialer Harmonisierung darzubieten schien. Sinnfälligstes Symbol dieser »Einheit« waren die propagandistisch wirkungsvollen Formen eines paramilitärischen Massensports, wobei die Nation gleichsam physisch kompakt auftrat. (Das zionistische Milieu Prags, wiewohl es doch über die besten Erfahrungen verfügte, übersah geflissentlich, mit welchem Preis diese vordergründige Klassenharmonie erkauft war: mit der Legende der Erzfeindschaft, dem Mythos einer ewigen Konfrontation zwischen Slawen und Deutschen, und daß darum die Formierung der neuen tschechischen Gesellschaft ebensowenig *natürlich* war wie das angeblich *unnatürliche* Mischwesen, das die überkommene deutschsprachige, deutschjüdische, österreichische Gesellschaft darstellte). Das Evangelium des Massenturnverbandes »Sokol«, von dem Kunsthistoriker Tyrš in den sechziger Jahren des 19. Jahrhunderts ersonnen, predigte die Ideologie der Disziplinierung des Individuums für das Kollektiv, den Zusammenhang von Turnen und Sittlichkeit, wies jedem einzelnen Turner einen historischen Platz im Kampf für die zukünftige Nation an und pries einen ewigen Aktionismus der *Spitzentat*. Darwins Selektionstheorie, ins Politische gewendet, war die Basis der »Sokol«-Ideologie. Ein mythisches Volksganzes wurde zur heiligsten Instanz erklärt: *Was nicht das ganze Volk kennt, kennt niemand! Was das Volk nicht vermochte, vermochte auch kein anderer! Was durch das Volk nicht geschah, geschah durch niemand!*[26] Es liegt nahe, in dieser paramilitärischen Elitetruppe einer mobilisierten Nation ein Vorspiel zu Phänomenen der 1920er Jahre zu erkennen; Österreich lieferte mit dem »Sokol« und dessen eindrucksvollen Massenaufmärschen auch in den äußeren Formen politischer Verwirklichung Anschauungsbeispiele seiner Zukunftsträchtigkeit. Der große »Sokol«-Kongreß in Prag 1912, zu dem Gruppen aus allen böhmischen Ländern zusammenströmten, hatte den Kreis um die »Selbstwehr« tief beeindruckt: bis in manche Texte Kafkas vermeint man ein Echo zu spüren, wie etwa beim »Bau der chinesischen Mauer«:

... die Lust, wieder am Volkswerke zu arbeiten, wurde unbezwinglich. Sie reisten früher von Hause fort, als es nötig gewesen wäre, das halbe Dorf begleitete sie lange Strecken weit. Auf allen Wegen Gruppen, Wimpel, Fahnen, niemals hatten sie gesehen, wie groß und reich und schön und liebenswert ihr Land war. Jeder Landmann war ein Bruder,

für den man eine Schutzmauer baute, und der mit allem, was er hatte und war, sein Leben dafür dankte. Einheit! Einheit! Brust an Brust, ein Reigen des Volkes, Blut nicht mehr eingesperrt im kärglichen Kreislauf des Körpers, sondern süß rollend und doch wiederkehrend ... (SE 291).

Es gibt kaum eine bessere Allegorie auf die Ideologie des Völkischen, die ja in ihrer Quintessenz besagt, daß *wahres* Leben nur möglich ist für den einzelnen, wenn er bedingungslos in den Vermittlungskreis der Großgemeinschaft integriert ist. Der späte Kafka beneidete ein Exemplar des »völkischen« Menschen aus der Nähe: Ottlas Mann, der stolzer Vorturner des »Sokol« war; ... *ihn freut sein Beruf, er lebt unter seinem Volk, ist fröhlich und gesund, im Wesentlichen (auf das Nebenbei kommt es nicht an) mit Recht mit sich zufrieden, mit Recht (es ist nicht anders auszudrücken, so wie eben ein Baum auch mit Recht in seinem Boden steht)* ... (O 82). Früher, 1913, hatte Kafka nachgedacht über den *ungeheure(n) Vorteil der Christen, die im allgemeinen Verkehr die gleichen Gefühle der Nähe immerfort haben und genießen, zum Beispiel christlicher Tscheche unter christlichen Tschechen* (T 306). Gemeinschaft, Nähe, Sport: dazu bedurfte man einer anderen Physis als der »typisch jüdischen«; 1911 sah Kafka seinen Körper als *ein Haupthindernis meines Fortschritts ... Mit einem solchen Körper läßt sich nichts erreichen* ... (T 171). In den »Hochzeitsvorbereitungen« erscheint in einem Text eine Person, die sich durch ihre falsche *körperliche Ausbildung* von der Teilnahme am Gemeinschaftsleben in freier Natur ausgeschlossen fühlt:

Er betrachtete das Fest, das ja kein Fest war, aber das man doch so nennen konnte. Er hatte natürlich große Lust, sich daran zu beteiligen, er langte förmlich danach, aber er mußte sich offen sagen, daß er davon ausgeschlossen war, es war für ihn unmöglich, sich dort einzufügen, das hätte eine so große Vorbereitung verlangt, daß darüber nicht nur dieser Sonntag, sondern viele Jahre und er selbst dahingegangen wäre, und selbst wenn die Zeit hier hätte stillstehen wollen, es hätte sich doch kein anderes Ergebnis mehr erzielen lassen, seine ganze Abstammung, Erziehung, körperliche Ausbildung hätte anders geführt werden müssen (H 420).

Er versuchte diese körperliche Ausbildung nachzuholen, so heftig, daß es ihm auf Versuche mit sektiererischen Methoden nicht ankam. Seit 1908 turnte er nach dem System des dänischen Gymnastiklehrers J. P. Müller bei offenem Fenster (auch Felice empfahl er dieses *Müllern).* Lang vor dem Ausbruch der Krankheit besuchte er verschiedene Naturheilsanatorien in Deutschland und der Schweiz, wo man in gemeinschaftlicher Nacktheit ballspielte, sang und turnte. Er schwamm, ritt und ruderte neben seiner gärtnerischen Arbeit im Frühjahr 1913, weil *er durch die Arbeit meine Neurasthenie heilen will* (T 303). Noch kurz vor dem Tod schreibt er aus Berlin an Ottla: *Wenn es eine Möbelpackerschule gäbe, wo man aus jedem Menschen einen Möbelpacker machen kann, würde ich leidenschaftlich eintreten* (O 141). Es paßt ins Bild, daß sich der fast Vierzigjährige auch für die junge Pfadfinder-Bewegung der ČSR interessiert hat. In die Kette seiner Befreiungsprogramme durch Arbeit, Sport, neue Körperlichkeit gehört auch das Vegetariertum, dem er seit der Erweckung durch einen obskuren deutschböhmischen Naturheilpraktiker huldigte, es, seiner Radikalität in allen Lebensdingen gemäß, zu einem kunstvollen, mit dem Gebäude von Sittlichkeit und Schuldsystemen verwobenen Ritus erhebend[27]. Dabei war er sich zugleich vollkommen des problematischen psychischen Fonds seiner Naturheilkunde bewußt; an Ottla schrieb er: *Andererseits ist es ja ein ganz feines und verläßliches Gefühl, daß zum Beispiel im Vegetariersein ... etwas sich Vereinsamendes, etwas Wahnsinnverwandtes wittert, nur vergißt man in schrecklicher Oberflächlichkeit, daß hiebei der Vegetarianismus eine ganz unschuldige Erscheinung ist, eine kleine von tieferen Gründen hervorgebrachte Begleiterscheinung* ... (O 80 f.). Wäre er naiver gewesen, er hätte seinen Platz gefunden in einem der nach 1900 gegründeten nationaljüdischen Turnvereine, die sich »Makkabi« und ähnlich heroisch betitelten, wo der Jargon völkischer »Turnwarte« ins Zionistische übersetzt aufklang:

Das moderne großstädtische Leben mit seiner aufreibenden Geistesarbeit und einseitigen Berufsbeschäftigung ... wir Juden mit unserer Überschätzung geistiger Faktoren ... unserer übergroßen Nervosität und physischen Schwäche ... die uns noch aus dem Ghetto anhaftet ... Wir fordern harmonisch durchgebildete Persönlichkeiten im eigenen und im Volksinteresse. Nur zuviel wird bei uns referiert und debattiert und zuwenig gespielt und geturnt! Im Zeitalter der Rassenhygiene und Eugenik darf man den Körper nicht verkürzen zugunsten des Geistes ... Erziehungsarbeit ... Selbstzucht ... Der junge Mensch soll lernen, mit Kraft und Anstand ein Joch zu tragen, einem Zwange sich zu unterwerfen, der alle beherrscht ... straffe und eiserne Vereinsdisziplin ... daß den Mann nicht nur der Mund macht, auch nicht der Geist, auch nicht nur die Moral: sondern die Zucht ... wir fordern jüdische Vollnaturen ... Mannhaftigkeit ...[28].

Aber Kafka war kein Zionist, wie ihn sich die nationaljüdischen Ideologen wünschten, auch in jenen Jahren des Weltkriegs nicht, welche in der exakten germanistischen Biographik als seine »zionistische Phase« bezeichnet werden[29]. Was ihn mit der Bewegung verband, das war der Ausgangspunkt der Selbstkritik die pessimistische Deutung des jüdischen Assimilationsschickals, das Mißverständnis der jüdischen Urbanisierung als Entfremdungsprozeß. Die »Selbstwehr« verkündete traurig den Untergang eines *prachtvollen, kerngesunden, schlichten, arbeitstüchtigen Landjudentums*[30], Kafka sah das Judentum *begraben unter dem Lärm der Stadt, des Geschäftslebens, des Wustes aller in den vielen Jahren eindringender Gespräche und Gedanken*[30a]. Vom Zionismus übernahm er den politischen Masochismus: *Um uns wächst der Antisemitismus, aber das ist gut* (J 104) und im Mißtrauen gegen die *Alles, auch die Nasen gleichmachende Sozialdemokratie* (Karl Kraus): *Ich denke, daß der Antisemitismus auch die Arbeiterschaft ergreifen wird* (J 104). Radikaler als jeder Zionismus war er im Insistieren auf dem Zusammenhang zwischen dem kollektiven Schicksal und der familiären, der individuellen Neurose. Kafka in seinem Tagebuch: *Gestern fiel mir ein, daß ich die Mutter deshalb nicht immer so geliebt habe, wie sie es verdiente und wie ich es könnte, weil mich die deutsche Sprache daran gehindert hat. Die jüdische Mutter ist keine »Mutter«, die Mutterbezeichnung macht sie ein wenig komisch ... wir geben einer jüdischen Frau den Namen deutsche Mutter, vergessen aber den Widerspruch, der desto schwerer sich ins Gefühl einsenkt. »Mutter« ist für den Juden besonders deutsch, es enthält unbewußt neben dem christlichen Glanz auch christliche Kälte, die mit Mutter benannte jüdische Frau wird daher nicht nur komisch, sondern fremd ... Ich glaube, daß nur noch Erinnerungen an das Ghetto die jüdische Familie erhalten, denn auch das Wort Vater meint bei weitem den jüdischen Vater nicht* (T 115 f.).

Aber der Sprung in das *neue Leben*, das seine Freunde Weltsch, Brod, Bergmann in den nationaljüdischen Konventikeln zu finden glaubten, hat er nicht getan. *Junge jüdische Menschen, Brüder und Schwestern, reichen einander die Hand, es beginnt zögernd die Dämmerung einer neuen starken geistigen Gemeinschaft, die im Schatten einer übergroßen Idee, in einem Schwur der Treue ... geschlossen wurde. Die jüdische Jugend verlangt wieder nach wahrhaftem, geschlossenem, reinem Leben*[31], schrieb Robert Weltsch während des Weltkriegs. Kafka bewunderte den zionistischen Entwurf, aber er schrieb auch *ich ... ekle mich vor ihm* (F 598); ekelte er sich, weil er das völkische Prinzip in der Wirklichkeit zionistischer Vereinsabende zu praktizieren sich sträubte, weil er als *gänzlich unsozialer Mensch* (F 598) nicht über den psychischen Graben springen konnte [*Ich wie aus Holz, ein in die Mitte des Saales geschobener Kleiderhalter* (T 466), 1915] über eine zionistische Veranstaltung (T 466)? Er war ein Zionist in seiner Hingabe an das Gefühl blutsmäßiger Verwandtschaft mit dem Ostjudentum, das in seinen späten Lebenszeugnissen immer stärker erscheint. Aber er vermochte nicht, die nationalpädagogischen Folgerungen daraus so hart zu ziehen, wie es Freund Max Brod anläßlich von Ottlas Mischehe tat, als er im Namen des völkischen Besitzstandsprinzips *einen Verlust des Judentums und Dein Verlieren des Judentums für Dich und die Zukunft* (O 70) beklagte. Wo immer der Ausweg aus der jüdischen Neurose gelang, da war er ihm gut; darum legitimierte er auch die bewußte tschechische Assimilation Ottlas: *Vergißt Du nun niemals die Verantwortung so schweren Tuns ... und behältst Du trotz dieses Bewußtseins den Glauben an Deine Kraft, die Sache zu irgendeinem guten Ende zu führen, dann hast Du — um mit einem schlechten Witz zu enden — mehr getan, als wenn Du zehn Juden geheiratet hättest* (O 69). Für ihn gab es nicht irgendein gutes Ende. 1922 notierte er *über meine Lage grenzenlos verzweifelt* (T 563) zu den Befreiungsversuchen, daß sein *Leben bisher ein stehendes Marschieren gewesen* sei, und untauglich die gewählten Mittel, darunter *Germanistik, Antizionismus, Zionismus, Hebräisch, Gärtnerei, Tischlerei, Literatur* (T 560). Dem Genie der Übertragung geschah am Ende die tödliche *Krankheit als ein Aus-den-Ufern-Treten der geistigen Krankheit* (Br. 242). Übrig blieben die Zeugnisse des Befreiungsversuches »Literatur«, Weltruhm, ein altersloses Oeuvre, das zum verbindlichen Grundbestand der Moderne gehört. Rang und Faszination seiner Texte entziehen sich jeder soziologischen und sozialgeschichtlichen Deterministik, sie bleiben unverstellbar von den Halden der Sekundärliteratur, auch von dem Versuch, der hier gemacht wurde.

Abkürzungsverzeichnis der Verweise im Text

T	=	Franz Kafka: Tagebücher 1910—1923. Frankfurt 1951
O	=	Franz Kafka: Briefe an Ottla und die Familie. Frankfurt 1974
J	=	Gustav Janouch: Gespräche mit Kafka. Frankfurt 1951
BK	=	Beschreibung eines Kampfes. Novellen, Skizzen, Aphorismen aus dem Nachlaß. Frankfurt 1954
Br	=	Franz Kafka: Briefe 1902—1924. Frankfurt 1958
F	=	Franz Kafka: Briefe an Felice und andere Korrespondenz aus der Verlobungszeit. Frankfurt 1967
H	=	Franz Kafka: Hochzeitsvorbereitungen auf dem Lande und andere Prosa aus dem Nachlaß. Frankfurt 1953
M	=	Franz Kafka: Briefe an Milena. Frankfurt 1952
SE	=	Franz Kafka: Sämtliche Erzählungen. Frankfurt 1970
Sy	=	J. Born — L. Dietz — M. Pasley — R. Raabe — K. Wagenbach: Kafka-Symposion. Berlin 1965

Kapitel I

1 H. Binder: »Der Aber-Mann«. Die Zeit 31. 5. 1974.

2 Vgl. K. Sontheimer: »Literatur und Politik«. Neue Rundschau 83 (1972), S. 402 ff.

3 K. Wagenbach: Franz Kafka. Eine Biographie seiner Jugend (1883—1912). Bern 1958. — Derselbe: Franz Kafka in Selbstzeugnissen und Bilddokumenten. Reinbek 1964. — M. Brod: Über Franz Kafka. Frankfurt 1974. — H. Binder: Franz Kafka und die Wochenschrift »Selbstwehr«. DVjs 41 (1967), S. 283 ff. — Derselbe: Kafkas Hebräischstudien. Schillerjahrbuch 11 (1967), S. 527 ff. — Derselbe: Kafka und seine Schwester Ottla. Schillerjahrbuch 12 (1968), S. 94 ff. — Derselbe: Kafkas Briefscherze. Sein Verhältnis zu Josef David. Schillerjahrbuch 13 (1969), S. 536 ff.

4 Binder: Ottla, S. 403.

5 Zitiert in: K. Mann: Prüfungen. München 1968, S. 287.

6 C. Bezzel: Kafka-Chronik. München 1975, o. S.

7 G. Lukács: »Wider den mißverstandenen Realismus«. Hamburg 1958, zitiert nach: »Franz Kafka aus Prager Sicht«. Prag/Berlin 1965, S. 173.

8 »Franz Kafka aus Prager Sicht«, S. 14.

9 Bezzel: Kafka-Chronik, o. S.

10 Vgl. Binder: Ottla, S. 403.

11 Wagenbach: Kafka, S. 11.

12 Wagenbach: Selbstzeugnisse, S. 9.

13 Vgl. Goldstücker in: Franz Kafka aus Prager Sicht, S. 23 ff.

14 Ebenda, S. 45.

15 Wolodymir T. Zyla (Hrsg.): Franz Kafka: His Place in World Literature. Lubbock (Texas) 1971, S. 163.

16 M. Brod: Unsere Literaten und die Gemeinschaft. Der Jude 1 (1916—17), S. 464.

17 H. Politzer: Das Kafka-Buch. Frankfurt 1965, S. 7.

18 Binder: Der Aber-Mann.

19 A. Schnitzler: Jugend in Wien. Wien 1968, S. 328 f.

20 P. U. Beicken: Franz Kafka — Eine kritische Einführung in die Forschung. Frankfurt 1974, S. 340.

21 Wagenbach: Selbstzeugnisse, S. 16.

22 Politzer: Kafka-Buch, S. 53.

23 P. Eisner: Franz Kafka and Prague. New York 1950, S. 7.

24 W. Haas: Die literarische Welt. München 1960, S. 33 f.

25 Vgl. C. Stölzl: Zur Geschichte der böhmischen Juden in der Epoche des modernen Nationalismus. Bohemia 14 (1973), S. 179 ff. — 15 (1974), S. 129 ff. —

Derselbe: Die »Burg« und die Juden. T. G. Masaryk und sein Kreis im Spannungsfeld der jüdischen Frage: Assimilation, Antisemitismus und Zionismus. In: Die »Burg«. München-Wien 1974, S. 79 ff.

26 Lukács: Wider den mißverstandenen Realismus, zitiert a. a. O.

27 Franz Kafka aus Prager Sicht, S. 174.

Kapitel II

1 Státuí ústřední archiv Praha [Zentrales Staatsarchiv Prag] PM 1850—1854, 8/1/12. Im folgenden zitiert als SUA.

2 Der Orient 5 (1844), S. 238.

3 Wagenbach: Selbstzeugnisse, S. 13 f.

4 F. Stamm: Verhältnisse der Land- und Forstwirtschaft des Königreiches Böhmen. Prag 1856, S. 57.

5 S. Mayer: Ein jüdischer Kaufmann. Wien—Berlin 1926, S. 103.

6 Zitiert in E. Rychnovsky (Hrsg.): Masaryk und das Judentum. Prag 1931, S. 117.

7 Wiener Jahrbuch für Israeliten 1863/64, S. 99.

8 Wagenbach: Selbstzeugnisse, S. 17.

9 Sy, S. 169.

10 E. Goldstücker: Rainer Maria Rilke und Franz Werfel. Zur Geschichte ihrer Beziehungen. Germanistica Pragensia I (1960), S. 52.

11 Der Orient 2 (1841), S. 135.

12 D. B. Frankl. Biographische Skizze von W. Prag o. J., S. 21.

13 Ebenda.

14 Der Orient 1 (1840), S. 1.

15 J. Wertheimer: Die Verhältnisse der Juden in Österreich. 2 Bde. Leipzig 1842. Hier II, S. 236.

16 Die Wahrheit, 1870, S. 133.

17 D. Kuh: Ein Wort an Juden und Slawen. Allgemeine Zeitung des Judentums 8 (1844), S. 195 ff.; 207 ff.; 219 ff.

18 Der Orient 5 (1844), S. 231.

19 Ebenda, S. 328.

20 Der Orient 9 (1848), S. 150.

21 A. Meissner: Geschichte meines Lebens. Wien—Teschen 1884, Bd. 2, S. 47 f.

22 SUA, Sammlung Flugschriften der 1848er Revolution.

23 Österreichisches Centralorgan für Glaubensfreiheit, Kultur, Geschichte und Literatur der Juden 1 (1848), S. 201.

24 Vgl. Stölzl: Zur Geschichte ..., 1973, S. 208.

25 Vgl. E. Goldstücker: The Czech national Revival, the Germans and the Jews. Los Angeles 1972, S. 26.

26 Pascheles' Kalender 1854—55, S. 124.

27 Sy, S. 167 f.

28 E. v. Schwarzer: Geld und Gut in Neuösterreich. Wien 1856, S. 22.

28a Kestenberg-Gladstein: The Jews, S. 35.

29 R. Kestenberg-Gladstein: The Jews between Czechs and Germans in the Historic Lands. In: The Jews of Czechoslovakia I. Philadelphia 1968, S. 32.

30 J. Herben, zitiert in: Selbstwehr 9. 8. 1912.

31 SUA PM 1850—54; 8/1/12.

32 Orient 5 (1844), S. 334.

33 E. E. Kisch: Erlebtes und Erstrebtes. Stuttgart—Berlin 1914, S. 22.

34 O. Donath: Jüdisches in der tschechischen Literatur des 19. Jahrhunderts. Das Zelt. Eine jüdische illustrierte Monatsschrift. 1924, S. 284 f.

35 Kisch: Erlebtes, S. 202.

36 Die Wahrheit [Prag] 1872, S. 244.

37 G. Fischer: Dienstboten, Brecht und Andere. Freiburg 1966, S. 28.

38 SUA PP 1858—62, L/5/30; PM 1860—70, 8/26/10.

39 Zitiert nach Stölzl: Zur Geschichte ..., 1974, S. 153.

40 SUA PM 1860—70; 8/9/67.

41 Fischer: Dienstboten, S. 32 f.

42 J. Neruda: Pro strach židovský [Die Angst vor dem Judentum]. Prag 1870.

43 Die Gegenwart 3 (1870), S. 360.

44 F. Palacký: Mein politisches Vermächtnis. Prag 1872.

45 Pascheles' Kalender 1874/75, S. 150.

46 Vgl. H. Rosenberg: Große Depression und Bismarckzeit. Berlin 1967.

Kapitel III

1 Tribüne 9. 11. 1882.

2 Friedrich Engels' Briefwechsel mit Karl Kautsky. Wien 1955, S. 65 u. 70

3 G. Wolf: Die Juden. Wien—Teschen 1883, S. 163.

4 Ebenda.

5 Tribüne 2. 11. 1882.

6 Ebenda 11. 11. 1882.

7 Ebenda 15. 12. 1882.

8 Vgl. I. Elbogen: Ein Jahrhundert jüdischen Lebens. Frankfurt 1967, S. 165 f.

9 Tribüne 11. 12. 1882. Zum Rohling-Skandal vgl. Elbogen: Jahrhundert, S. 162 ff.

10 Wiener Jahrbuch für Israeliten 1863/64, S. 78.

11 Brandeis' Kalender 1883/84.

12 SUA PMT 1883/84.

13 SUA PM 1880—1890; 8/1/9:1.

14 Wolf: Die Juden, S. 161.

15 SUA PM 1880—1890, 8/1/9:1.

16 E. Wiskemann: Czechs and Germans. London—New York—Toronto 1938, S. 39 ff.

17 SUA PMT 1883/144.

18 Wolf: Die Juden, S. 163.

19 Ebenda, S. 164.

20 H. Rauchberg: Der nationale Besitzstand in Böhmen. 3. Bde. Leipzig 1905, Hier Bd. 1, S. 152 f.; S. 389 ff.

21 Ebenda, S. 391.

22 Brod: Über Kafka, S. 11 f.

23 Epilog auf die letzte deutsch-jüdische Schule in der »Selbstwehr«, 7. 2. 1913.

24 Vgl. E. Lederer: Českožidovská otázka [Die tschechojüdische Frage].

25 Politik, 25. 3. 1892.

26 E. Lederer: Českožidovska otázka [die tschechojüdische Frage]. Smíchov 1899.

27 Israelitische Gemeindezeitung 1891, S. 193.

28 J. Braunthal: Victor und Friedrich Adler. Wien 1965, S. 134 ff.

29 Wiskemann: Czechs and Germans, S. 102 f.

30 Ausführliches Aktenmaterial zum deutschböhmischen Antisemitismus im SUA, PM 1880—1900; 8/1/9:1.

31 M. Brod: Streitbares Leben. München 1960, S. 154.

32 Vgl. demnächst die hervorragende, erstmals mit dem Instrumentarium exakter Sozialforschung geleistete Analyse der Struktur des Prager Deutschtums durch G. F. Cohen: The German Prague. Phil. Diss. Harvard 1975.

33 Israelitische Gemeindezeitung 1885, S. 181.

34 Deutscher Volksbote 1891, Nr. 1.

35 Bohemia 15. 9. 1886: Rede des Abgeordneten Bareuther vor seinen Wählern in Eger.

36 Selbstwehr 1908 ff., viele Belege. Vgl. auch Kestenberg-Gladstein: The Jews, S. 53 f.

37 Prinz in: Handbuch der Geschichte der Böhmischen Länder. Bd.3, S. 161.

38 Ebenda, S. 161 f.

39 Rauchberg: Der nationale Besitzstand in Böhmen

40 Deutscher Volksbote 3. 5. 1891.

41 SUA PM 1880—90. 8/1/9 : 1.

42 Israelitische Gemeindezeitung 1889, S. 26.

43 Deutscher Volksbote 21. 2. 1897.

44 J. Šafařik: Vznik národně sociální strany v Rankousku — Uhersku a jeji vývoj do konce první světové valky [Der Beginn der nationalsozialistischen Partei in Österreich-Ungarn und ihre Entwicklung bis zum Ende des Ersten Weltkrieges]. In: O úloze byvalé nár. soc. strany. Prag 1959, S. 32 ff.

45 Archiv státního Židovského Muzea Praha [Archiv des staatlichen jüdischen Museums zu Prag] Nr. 147657.

46 Israelitische Gemeindezeitung 1897, S. 66.

47 Ebenda 1897, S. 77.

48 Deutscher Volksbote 28. 2. 1897.

49 Ebenda 14. 3. 1897.

50 Krebs: Kampf in Böhmen, S. 33.

51 Deutscher Volksbote 26. 12. 1897. — Zum »Dezembersturm« vgl.: B. Sutter:: Die Badenischen Sprachverordnungen. Graz—Köln 1960/64. Bd. 2, S. 230 ff. — Die Prager Schreckenstage. Dresden—Leipzig 1898.

52 Bohemia 6. 3. 1913.

53 Archiv státního Židovského Muzea Praha [Archiv des staatlichen jüdischen Museums in Prag] Nr. 147657.

54 Wagenbach: Kafka, S. 19.

55 Israelitische Gemeindezeitung 1897, S. 61.

56 So die Selbstdefinition des aus Prag stammenden Gründers und langjährigen Führers der österreichischen Sozialdemokratie Victor Adler. Vgl. C. Stölzl: Victor Adler. In: Lebensbilder zur Geschichte der böhmischen Länder. Bd. 1. München 1974, S. 260.

57 F. Werfel: Einander. Leipzig 1915, S. 85.

58 SUA PP 1893—1899: V/7/48.

59 Merkwürdigerweise ist Illowys Zugehörigkeit zum Judentum in der Kafka-Biographik nirgendwo angemerkt. Über die deutschjüdischen jungen Sozialdemokraten der Jahrhundertwende, die zur tschechischen Arbeiterbewegung tendierten, vgl. E. E. Kisch: Die Abenteuer in Prag. Wien—Leipzig 1920, S. 121.

59a Deutscher Volksbote 12. 9. 1897.

60 Wagenbach: Kafka, S. 62.

61 Warnsdorfer Hausblätter 16 (1898), S. 81.

62 Zum Fall vor allem A. Nußbaum: Der Polnaer Ritualmordprozeß. Berlin 1906. Vgl. auch F. Červinka: The Hilsner Affair. Leo Baeck Institute Yearbook 13 (1968), S. 142 ff. — Österreichische Wochenschrift 1910, S. 25 ff.

63 Nußbaum: Polna, S. 16 f.

64 Ebenda, S. 16.

65 Ebenda, o. S.

66 Ebenda, S. 30 f.

67 Allgemeine Zeitung des Judentums 1901, Nr. 14.

68 Zitiert in: Deutscher Volksbote 24. 9. 1899.

69 Stölzl: Burg, S. 86 ff.

70 Zitiert in S. Schwarz: Masaryk. Nürnberg 1949, S. 18.

71 Bezzel: Kafka-Chronik, S. 189.

72 E. E. Kisch: Marktplatz der Sensationen. Berlin 1968, S. 29.

73 Selbstwehr 12. 1. 1912.

74 Ebenda 27. 12. 1912.

75 Österreichische Wochenschrift 21 (1904), S. 329.

76 Ebenda 18. 12. 1908.

77 Interpellation L. Hofer u. Gen. 1903, zitiert in: Selbstwehr 18. 11. 1910.

78 Österreichische Wochenschrift 1909, S. 871.

79 Nußbaum: Polna, S. 37.

80 Die Neuzeit 1903, S. 198.

81 K. Krolop: Zu den Erinnerungen Anna Lichtensterns an Franz Kafka. Philologica Pragensia 5 (1968), S. 21 ff.

82 M. Brod: Der Prager Kreis. Stuttgart 1966, S. 204.

83 Fischer: Dienstboten, S. 73.

84 A. Fuchs: Ein Sohn aus gutem Hause. London 1943, S. 7 f.

85 Selbstwehr 18. 11. 1910.

86 Brod: Über Kafka, S. 74.

87 Ebenda.

88 Selbstwehr 29. 10. 1909.

89 Österreichische Wochenschrift 1910, S. 139.

90 Selbstwehr 17. 1. 1908.

91 Selbstwehr 22. 7. 1910.

92 H. Tietze: Die Juden Wiens. Leipzig 1933, S. 232.

93 Selbstwehr 1907 ff.

94 Ostdeutsche Rundschau 31. 3. 1911.

95 O. Weber: Der Friede in Böhmen. Deutsche Arbeit 10 (1910/11), S. 10 f.

96 Selbstwehr 17. 1. 1908. — H. Tietze: Die Juden Wiens, Leipzig 1933, S. 232.

97 Ostdeutsche Rundschau 20. 2. 1901.

98 Selbstwehr 10. 4. 1908.

99 Israelitische Gemeindezeitung 1901, S. 133.

100 P. G. J. Pulzer: The Austrian Liberals and the Jewish Question, 1867—1914. Journal of Central European Affairs 23 (1963), S. 131 ff.

101 Selbstwehr 9. 12. 1910.

102 Selbstwehr 12. 9. 1912.

103 Wiskemann: Czechs and Germans, S. 59.

104 V. Dolejší: Noviny a novináři [Zeitungen und Journalisten]. Prag 1963, S. 67 ff. Šafařík: K vzníku, S. 39.

105 Selbstwehr.

106 Ebenda 5. 5. 1911.

107 Fuchs: Sohn, S. 10.

108 G. Kisch: Alexander Kisch. 1848—1917. Halle 1934, S. 26.

109 Selbstwehr 9. 8. 1912. — Österreichische Wochenschrift 29 (1912), S. 25.

110 R. Musil: Der Mann ohne Eigenschaften. Hamburg 1970, S. 204 f.

111 Jahresbericht der Österreichisch-Israelitischen Union. Die Neuzeit 1903, S. 205 f.

112 M. Brod: Die Tschechen und der jüdische Künstler. Selbstwehr 12. 7. 1918.

113 Selbstwehr 14. 6. 1912. — 28. 6. 1912. —

114 Selbstwehr 26. 5. 1911.

115 K. Berchtold (Hrsg.): Österreichische Parteiprogramme 1868—1966. Wien 1967, S. 178.

116 Zitiert bei M. Glettner: Die Wiener um 1900. München-Wien 1972. S. 325.

117 Datierung von Kafkas politischer Aktivität bei Bezzel: Kafka-Chronik.

118 Vgl. Binder: Selbstwehr.

119 Selbstwehr 10. 4. 1908.

120 Ebenda 20. 1. 1911.

121 Musil: Mann, S. 34.

122 Israelitische Gemeindezeitung 1901, S. 166.

123 SUA PP 1908—1915; V/15/61.

124 Selbstwehr 16. 12. 1908. Vgl. auch Wiskemann: Czechs and Germans, S. 68.

125 O. G. Blanický: O antisemitismu v českém narodě [Über den Antisemitismus im tschechischen Volk]. Prag 1919, S. 3.

126 Vgl. E. Rychnovsky: Masaryk. Prag 1930, S. 179.

127 Šafařík: K vzniku, S. 39.

128 B. Nuška: Švíhová aféra a Kavkuv proces [Die Šviha-Affäre und Kafkas Prozeß]. Liberec 1969.

129 M. Frühling: Biographisches Handbuch der in der k. k. österr. ung. Armee und Kriegsmarine aktiv gedienten Offiziere, Ärzte, Truppenrechnungsführer und sonstigen Militärbeamten jüdischen Stammes. Wien 1911, S. V.

130 Schicksalsjahre Österreichs 1908—1919. Das politische Tagebuch Josef Redlichs. Bd. 1. Graz—Köln 1953, S. 239.

131 E. Pernerstorfer: Zur Judenfrage. Der Jude 1 (1916—17), S. 315. — Kriegsartikel der Arbeiterzeitung abgedruckt in J. Braunthal: Austerlitz spricht. Wien 1931.

132 J. Herben: Kniha vzpominek [Buch der Erinnerungen]. Prag 1936, S. 457.

133 Brandeis' Kalender 1916/17, S. 220.

134 Zitiert bei A. York-Steiner: Die Kunst, als Jude zu leben. Leipzig 1928, S. 520.

135 Selbstwehr 17. 4. 1916.

136 Ebenda.

137 Stölzl: Burg 89.

138 Munin [Pseud. f. Karl Iro]: Österreich nach dem Kriege. Forderungen eines aktiven österreichischen Politikers. Jena 1915, S. 25.

139 M. Brod: Im Kampf um das Judentum. Wien 1920, S. 10 f.

140 Selbstwehr 24. 11. 1916.

141 Ebenda 1. 12. 1925; 25. 5. 1934.

142 Ebenda 16. 8. 1918.

143 Bezzel: Kafka-Chronik, S. 136 f.

144 Selbstwehr 8. 3. 1918. — Vgl. auch F. C. Weiskopf: Das Slawenlied. Berlin 1951, S. 105 ff.

145 Blanický: O antisemitismu, S. 19.

146 Zitiert bei Stölzl: Burg, S. 93.

147 O., S. 188.

148 Selbstwehr 1919 passim.

149 Ebenda 6. 12. 1918.

150 Ebenda.

151 Ebenda 5. 9. 1919.

152 Zitiert in Selbstwehr 15. 10. 1920.

153 Venkov [Das Land] 26. 9. 1920.

154 Zitiert in Selbstwehr 22. 10. 1920.

155 Ebenda 19. 11. 1920. — 26. 11. 1920.

156 Weiskopf: Das Slawenlied, S. 267 f.

157 Národní listy 19. 11. 1920.

158 Herben: Kniha vzpomínek, S. 662.

159 Večer 12. 11. 1918.

160 Ebenda 25. 10. 1918.

161 Vgl. ausführlich Stölzl: Burg 102 ff.

162 The Jews of Czechoslovakia II. Philadelphia—New York 1971, S. 590.

163 Selbstwehr 26. 3. 1919.

164 Handbuch der Geschichte der Böhmischen Länder IV. Stuttgart 1969, S. 39.

165 F. Prinz in: Handbuch der Geschichte der Böhmischen Länder IV, S. 205.

166 Wagenbach: Selbstzeugnisse, S. 17.

167 J. Münzer: Neviditelné ghetto [Das unsichtbare Ghetto]. Přítomnost 3 (1926), S. 698.

168 Národní listy 10. 12. 1918.

169 Pick in: The Jews of Czechoslovakia I, S. 361.

170 Jüdische Rundschau 27 (1922), S. 608 ff.; 619; 641; 655. — Selbstwehr November 1922 passim.

171 Krebs: Kampf in Böhmen, S. 137.

172 Zitiert bei Stölzl: Burg 99.

173 Jüdische Rundschau 28 (1923), S. 557 ff. Vgl. auch Selbstwehr 9. 11. 1923.

Kapitel IV

1 Vgl. für das folgende die vorzügliche Untersuchung von T. Bermann: Produktivierungsmythen und Antisemitismus. Wien 1973.

2 A. Schnitzler: Der Weg ins Freie (1908). Zitiert nach: Gesammelte Werke. Die erzählenden Schriften 1 (1961), S. 755.

3 Binder: Selbstwehr, S. 290.

4 Feuilleton des Berliner Tagblatts, Weihnachten 1909. Zitiert in: Selbstwehr 14. 1. 1910.

5 Ebenda 9. 9. 1910.

6 K. Krolop: Zur Geschichte und Vorgeschichte der Prager deutschen Literatur des »expressionistischen Jahrzehnts«. In: Weltfreunde. Konferenz über die Prager deutsche Literatur. Prag 1967, S. 49. — Israelitische Gemeindezeitung 1889, S. 26.

7 Selbstwehr 31. 5. 1907. Bei einem relativen Bevölkerungsanteil von 4,68 % der österr. Gesamtbevölkerung (1907) — in den westlichen Provinzen noch darunter, um 1,5 %, wie in Böhmen — stellten die Juden im Durchschnitt 7 % der Insassen der österreichischen Irrenhäuser.

8 Zitiert in M. Durzak: Hermann Broch. Reinbek 1966, S. 11.

9 Musil: Mann ohne Eigenschaften, S. 207.

10 Ebenda S. 34.

11 Ebenda S. 35.

12 Petr Bezruč: Lieder eines schlesischen Bergmanns. Aus dem Tschechischen übersetzt von Rudolf Fuchs. München 1926 (Erstmals erschienen in den Sleské písně, 1903).

13 Selbstwehr 15. 9. 1912. — 9. 12. 1912.

14 Grete Fischer: Dienstboten, Brecht und andere, S. 57.

15 J. Münzer: Neviditelné ghetto [Das unsichtbare Ghetto]. Přítomnost, S. 692.

16 Krolop: Lichtenstern, S. 21 f.

17 H. Bergmann: Erinnerungen an Franz Kafka. Universitas 27 (1972), S. 744.

18 H. Kohn in: Robert Weltsch zum 70. Geburtstag. Von seinen Freunden. Tel Aviv 1961, S. 114.

19 Brod: Kafka S. 73.

20 Ostdeutsche Post 5. 3. 1901.

21 Deutscher Volksbote 7. 3. 1897.

22 Zitiert n. Binder: Selbstwehr, S. 290.

23 M. Brod: Ein menschlich-politisches Bekenntnis. Juden, Deutsche, Tschechen. Neue Rundschau 1918, S. 1580 ff.

24 Selbstwehr 18. 11. 1910.

25 F. Kittel: Socialdemokratie und Bauernstand. Wien 1894, S. 6.

26 Vgl. M. Glettler: Sokol und Arbeiterturnvereine (D.T.J.) der Wiener Tschechen bis 1914. München—Wien 1970, S. 64 ff.

27 E. Canetti: Der andere Prozeß, 2. Teil. Neue Rundschau 79 (1968), S. 600 f.

28 Selbstwehr 20. 12. 1912.

29 Vgl. Binder: Selbstwehr.

30 Selbstwehr 23. 12. 1910.

30a Zit. bei Binder: Der Aber-Mann.

31 R. Weltsch: Die Jugend des jüdischen Prag. In: Das jüdische Prag. Prag 1917, S. 17 f.

... Gespenstergeschichten ... [illegible]
... [illegible] ... 1905, S. 5 ... [illegible]

... [illegible] ... des ... [illegible]
... [illegible]
... [illegible]

... [illegible] ... 1906 ... [illegible]

... [illegible]

10 [illegible]

11 [illegible]

12 [illegible] ... schlesischen Bergmann ... [illegible]
... [illegible]
1903 ... [illegible]

13 [illegible] ... 1912.

14 [illegible]

15 [illegible] ... S. 492

16 [illegible]

17 [illegible]

18 [illegible]
1911 ... [illegible]

19 [illegible]

20 [illegible] ... 1901.

21 [illegible]

22 [illegible]

23 [illegible]
... 1918 ... [illegible]

24 [illegible]

25 [illegible]

26 [illegible]
... 1914 ... [illegible]

27 [illegible]

28 [illegible]

29 [illegible]

30 [illegible]

30a [illegible]

31 [illegible]

Bitte beachten Sie
die folgenden Seiten:

Gideon Rafael

Der umkämpfte Frieden

Die Außenpolitik Israels von Ben Gurion bis Begin

Deutsche Erstausgabe

Ullstein Buch 33043

Zeitgeschichte

Die authentische Darstellung von mehr als vierzig Jahren israelischer Außenpolitik. Gideon Rafael, geboren 1913 in Berlin, emigrierte 1934 nach Palästina. Bei der Gründung des Staates Israel gehörte er zu den Männern der ersten Stunde im neugebildeten Außenministerium, im diplomatischen Dienst bekleidete er später hohe Positionen.

Winston S. Churchill

Der Zweite Weltkrieg

Memoiren

Kassette mit 6 Bänden

Ullstein Buch 33060

Winston Churchills sechsbändiges Memoirenwerk, erschienen zwischen 1948 und 1954, wird für alle Zeit Gültigkeit haben. Klar und objektiv schildert er das gewaltige Ringen der Jahre 1939 bis 1945, er zeigt Ursachen und Zusammenhänge und deckt die Gefahren auf, die in der Zukunft liegen.

1953 erhielt Winston Churchill für sein schriftstellerisches Werk den Nobelpreis für Literatur.

Zeitgeschichte